我国西部地区战略性
矿产资源开发生态补偿研究

任冬林 刘樑 张明善 ⊙著

人民日报出版社
北京

图书在版编目（CIP）数据

我国西部地区战略性矿产资源开发生态补偿研究 / 任冬林，刘樑，张明善著 . -- 北京：人民日报出版社，2023.3

ISBN 978-7-5115-7730-6

Ⅰ . ①我… Ⅱ . ①任… ②刘… ③张… Ⅲ . ①矿产资源开发—生态环境—补偿机制—研究—西北地区②矿产资源开发—生态环境—补偿机制—研究—西南地区 Ⅳ . ① F426.1 ② X321

中国国家版本馆 CIP 数据核字 (2023) 第 043386 号

书　　名：我国西部地区战略性矿产资源开发生态补偿研究
WOGUO XIBU DIQU ZHANLUEXING KUANGCHAN ZIYUAN KAIFA SHENGTAI BUCHANG YANJIU

作　　者：任冬林　刘　樑　张明善

出 版 人：刘华新
责任编辑：刘　悦
封面设计：马　佳

出版发行：人民日报出版社
社　　址：北京金台西路 2 号
邮政编码：100733
发行热线：（010）65369527　65369509　65369512　65369846
邮购热线：（010）65369530　65363527
编辑热线：（010）65363105
网　　址：www.peopledailypress.com
经　　销：新华书店
印　　刷：三河市龙大印装有限公司
法律顾问：北京科宇律师事务所　010-83622312

开　　本：710mm×1000mm　　1/16
字　　数：205 千字
印　　张：14.25
版次印次：2023 年 3 月第 1 版　2023 年 3 月第 1 次印刷

书　　号：ISBN 978-7-5115-7730-6
定　　价：78.00 元

前　言

在党的十九大报告中，习近平总书记明确指出，"加大生态系统保护力度""建立市场化、多元化生态保护补偿机制"。党的十九届四中全会要求"落实生态补偿和生态环境损害赔偿制度"。在党的二十大报告中，习近平总书记再次强调，"建立生态产品价值实现机制，完善生态保护补偿制度"。战略性矿产资源开发生态补偿是我国生态文明制度体系的重要内容，是矿产资源开发领域深入贯彻落实习近平生态文明思想的实践。为支撑国家战略新兴产业发展，保障国家经济和国防安全，战略性矿产资源开发始终坚持以总体国家安全观为指导，深度探索矿产资源开发生态补偿的制度体系，实现国家战略性矿产资源充分供应和全产业链安全，以及经济高质量发展。

我国西部地区战略性矿产资源丰裕，是国家工业发展和科技进步的重要资源宝库和能量源泉。本书深刻领悟"经济、社会、文化、生态等各个领域都要体现高质量发展"的精神内涵，以建设新时代市场化、多元化生态补偿机制为目标，以生态补偿制度体系构建为基础，全面梳理国内外生态补偿研究现状，研判国家生态补偿政策实施成效，厘清影响生态补偿成效的关键主题因素，构建生态补偿效益综合评价体系和生态补偿标准体系。本书为推进我国西部地区战略性矿产资源开发与经济社会发展、生态环境保护、文化守护传承的协调统一，开展了积极的理论研究和实践探索。

本书以点面结合的方式对我国生态补偿研究的趋势和特征进行研究，

通过文献计量分析发现，目前生态补偿领域的研究相对较少，现实需求转变导致的理论研究与应用实践方面矛盾交织。为破解经济社会发展和环境保护之间的难题，本研究聚焦生态补偿领域的制度创新、补偿标准制定和量化模型设计等方面的探索，进而为我国西部地区战略性矿产资源开发生态补偿政策、模式、机制及标准实践等提供理论研究的基础和实践应用的依据。

本书运用生态补偿政策实施效果评价研究，以合成控制法（SCM）对国家生态补偿政策实施效果进行评估，结果显示，生态补偿政策对西部地区矿产资源开发具有重要影响，主要体现在对经济、文化、社会等方面的关键指标产生积极影响，这也为国家制定面向西部地区的战略性矿产资源开发生态补偿的配套及导向性政策提供了学术支撑。同时，本研究提出政策制定者需要加大政策对西部地区环境保护的针对性和可操作性，增强政策的影响效力，实现政策对西部地区社会经济发展、文化保护传承和生态环境保护的正向调节作用。

本书开展了生态补偿政策关键主题因素挖掘及演化研究，通过 LDA 主题模型，选取影响我国西部地区生态补偿的相关政策文本作为语料库，深度挖掘生态补偿政策的关键主题因素，构建起不同阶段政策的关键主题因素演化关系可视化图谱，为生态补偿政策制度完善及优化提供学术依据，有利于增强政策制度的针对性和实效性，以及提升政策的宏观调控能力。

本书实施了生态补偿效益综合评价，通过 VIKOR-AISM 方法解决多属性决策问题，从经济效益、环境效益、社会效益和文化效益四个维度开展西部地区战略性矿产资源生态补偿效益综合评价。研究成果为客观反映区域生态补偿成效及评价主体的价值倾向提供了重要方法借鉴，有助于评价的精准度和针对性，为制定符合少数民族区域特点的生态补偿政策制度、生态补偿模式、生态补偿标准等提供了综合评价的可量化手段，有助于构建西部地区生态环境保护和资源开发竞争有序协同发展的格局。

本书探索了生态补偿标准体系构建，结合宏观政策引导和微观市场调节的思路，吸收成本核算、效益评价、生态环境承载力及脆弱性判定等因素，最终构建了生态补偿标准的财税调节模型，为西部地区矿产资源开发补偿标准的确定提供了实践应用依据。同时，本书以四川凉山州为例，探索生态补偿标准在财税制度上的融合应用。

本书从新的视角深入研究了西部地区战略性矿产资源开发生态补偿政策实施效果评价及关键主题因素，侧重我国西部地区战略性矿产资源开发生态补偿现状，开展了政策效果评价及关键主题因素挖掘，以定性与定量相结合的研究方法为西部地区生态补偿研究提供了新的视角，丰富了生态补偿研究理论的内涵，为建立多元化、市场化生态保护补偿机制提供了新的理论依据。

本书从新的视角构建了西部地区战略性矿产资源开发生态补偿效益综合评价指标体系，采用了多种量化研究的实证分析手段，从宏观政策执行层面量化评价生态补偿政策实施效果，综合考量生态补偿效益与社会、经济、环境及文化的关系，构建了生态补偿效益综合评价指标体系，尝试将非生态补偿评价领域的新方法、新模型、新思路运用到生态补偿研究领域，具有重要的实践创新意义。

本书总结分析西部地区典型省份在战略性矿产资源开发方面的生态补偿实践，提出有针对性的对策建议，为西部地区生态补偿研究提供了有益探索。

本书以习近平生态文明思想为指导，辩证分析了战略资源开发、生态环境保护、经济社会发展、文化传承创新四者的关系，结合我国西部地区特点及战略性矿产资源禀赋条件及开发特点，从宏观政策引导和微观市场调节两个维度探讨了我国西部地区矿产资源开发生态补偿机制，对建立资源开发、环境保护、经济发展、社会和谐、文化协调的西部地区资源开发生态补偿体系具有较强的理论价值和现实意义，为推动西部地区社会、经济、环境、文化可持续发展提供理论支持和应用指导。

本书的相关研究工作得到西南民族大学、西南科技大学、中国地质大学（武汉）、贵州财经大学、中国工程物理研究院、成都理工大学、电子科技大学等科研单位，凉山州委州政府、阿坝州委州政府、西藏科技厅等单位，凉山矿业股份有限公司、攀钢集团西昌钢钒有限公司等国有企业的领导和专家学者的指导和帮助，其中西南民族大学博士研究生雷晓寅、王钧懿，西南科技大学博士研究生蒋攀，硕士研究生张雨涵、李梦悦、赵钰婷、陈璐璐、刘姝等参与了本书部分章节的撰写及校对工作，在此表示感谢。本书的出版还得到中国工程院战略研究与咨询项目（2021-XY-16、2021-JZ-09）、2021 年度四川省科普专项资金、2022年度绵阳市优秀院士工作站补助资金、四川省科技厅科技计划软科项目（2022JDR0177）的资助，该成果系西南科技大学博士基金资助成果（编号：22sx7113）。同时，本书参考了大量国内外文献、数据及文本资料，在此向文献资料的作者和单位表示感谢。

由于作者水平有限，本书难免存在不妥之处，敬请广大读者批评指正。

2022 年 7 月于四川绵阳

目　录

绪　论

第一节　研究背景与意义

一、研究背景

生态环境是关系党的使命宗旨的重大政治问题，也是关系民生的重大社会问题。生态保护补偿制度作为生态文明制度的重要组成部分，是落实生态保护权责、调动各方参与生态保护积极性、推进生态文明建设的重要手段。习近平总书记在党的十九大报告中明确提出"加大生态系统保护力度""建立市场化、多元化生态保护补偿机制"[122]。党的十九届四中全会作出"落实生态补偿和生态环境损害赔偿制度"的要求。党的十九届五中全会深入分析国际国内形势，在制定国民经济和社会发展"十四五"规划和 2035 年远景目标时，提出了要"推动绿色发展，促进人与自然和谐共生"的重要论断[137]。同时，对"建立生态产品价值实现机制""完善市场化、多元化生态补偿""提高矿产资源开发保护水平"等作出重要部署[138]。在党的二十大报告中，习近平总书记再次强调"建立生态产品价值实现机制，完善生态保护补偿制度"。2019 年 11 月，国家发展和改革委员会为提高资金的使用效率，健全生态保护补偿机制，印发了《生态综合补偿试点方案》，在国家生态文明试验区、西藏及四省藏区、安徽省选择 50 个县（市、区）开展生态综合补偿试点。当前，我国处在生态补偿实践的探索阶段，生态环境保护面临挑战，亟须社会各界致力于生态补偿机制的完善，积极探索其背后的理论逻辑，梳理并把握住生态补偿政策与实践的演化进程，为我国"十四五"期间生态文明建设工作贡献对策。

在战略性矿产资源方面，西部地区储量丰富，易于开采，品位好。相关矿产资源开发具有很强的共性，主要体现为：生态脆弱、工业发展面临的环境制约比较明显；矿产资源成矿调节好，资源富集便于开发；矿业经济有望成为西部地区经济发展的支柱；民族性和所处地域的特殊性导致开发的外部环境比较复杂；需要重视少数民族的宗教信仰及维护民族团结。战略性矿产资源开发程度较低，开采过程对生态植被的破坏，开发过程受洗选、冶炼、回收等技术影响，导致资源浪费严重，废水、废渣排放，以及尾矿、高炉渣大规模堆弃等问题严重威胁当地脆弱的自然生态环境。战略性矿资源开发特点及补偿现状如表 1 所示。

表 1　西部地区战略性矿产资源开发及生态补偿特点一览表

省 （区、市）	矿产资源特点	资源开发问题	生态补偿要点
内蒙古自治区	现已发现各类矿床 4100 多处，种类达 128 种；在已探明储量的矿种中，储量居全国首位的有 7 种，居全国前 10 位的有 56 种；稀土资源储量居世界之首；有色金属、贵重金属矿产储量丰富。	侵占大量土地资源，矿业"三废"污染环境，改变草原地貌；矿产资源利用方式粗放，破坏矿产资源开发生态，移民加重财政负担，资源利用率低，浪费严重；矿区群众发展生存权受限，矿区居民健康受到影响。	严格规范矿产资源开发征占草原行为，切实从制度机制上加强矿产资源开发领域草原保护管理工作，持续筑牢我国北方重要生态安全屏障。

省 （区、市）	矿产资源特点	资源开发问题	生态补偿要点
广西壮族 自治区	居全国前 10 位的矿产有 64 种，居前 5 位的有 47 种，其中以非金属矿产最多；探明资源储量达 46 种，有 25 种储量名列全国前 6 位；有色金属、建材和其他非金属矿产是广西矿产资源的一大优势；品种多、储量大、分布广。	矿业开发布局不够合理，过度开发加剧生态环境破坏；生态环境保护不到位等问题引起一系列地质灾害，带来严重的安全隐患，同时造成矿区居民环境生存权缺失；规模化水平不够高。	落实政策，广开资金筹措，完善矿区的生态补偿制度，形成有利于矿区资源开发的补偿政策；充分发挥市场配置资源的基础性作用和宏观调控作用。
新疆维吾尔 自治区	已发现矿产有 153 种，查明有资源储量的矿种 102 种，其中能源矿产 8 种、金属矿产 34 种、非金属矿产 57 种、水气矿产 3 种；保有查明资源量居全国首位的有 12 种，居全国前 10 位的有 78 种；矿产种类全、储量大，能源资源丰富，开发前景广阔。	经济发育程度不够，环境敏感且脆弱，对矿业经济发展支持国民经济期望较高；地处边疆，在矿业发展上受外部影响比较大。	可享有为整体生态环境保护作出贡献而得到的奖励性回报补偿的权利；严守生态红线、提高经济效益、完善矿产资源有偿使用制度，推动和谐矿区建设。
西藏 自治区	已发现 101 种矿产资源，查明矿产资源储量的有 41 种，发现矿点 2000 余处，已开发利用的矿种有 22 种；12 种矿产资源储量居全国前 5 位；优势矿种有铜、铬、硼等，部分矿产在全国占重要地位。	生态系统脆弱，恢复难度高，草地破坏程度高，下游水源受废水污染；管理秩序混乱，当地百姓资源补偿获利较少，矿山企业普遍规模小而分散；固体废弃物的堆积和矿业生产建设直接破坏和侵占耕地；现代化大型矿山无法建设，生态破坏现象突出。	建立矿山地质环境恢复保证金制度、征收矿产资源补偿费、调整资源税、开展矿山地质危害评估和环境保护。

续表

省（区、市）	矿产资源特点	资源开发问题	生态补偿要点
贵州	已发现各类矿产 137 种，查明有资源储量的矿产 89 种，51 种位居全国总量的前 10 位；锰、铝土、稀土等矿产资源丰富。	水资源短缺，地下水平衡被打乱；土地资源浪费现象突出；资源开发侵害了植物和森林，加剧了生态恶化；"三废"处理没有得到妥善解决。	合理进行资源开发规划，建立矿产资源开发生态补偿长效机制；完善财政转移支付制度，强化资源利用与生态补偿的税收政策，建立生态补偿金筹集和使用制度。
云南	已发现矿产 157 种，固体矿产保有资源量居全国前 10 位的有 82 种，居前 3 位的有 31 种；有"有色金属王国"和"磷化工大省"之称；矿产资源总量大、矿种齐全、配套程度高、共伴生矿多、综合利用潜力大、经济价值高、矿床类型多样。	生态环境污染加剧，矿产资源的环境价值难以衡量，存在利益冲突；法律法规不健全，执法力度不够；矿山生态保护和环境治理恢复进展缓慢；	加强生态补偿监管，完善生态补偿收费标准，提高资金保障，完善矿产资源管理机制，改进管理方式，加大生态环境防治的执法力度。
青海	已发现各类矿产 136 种，各类矿床、矿点、矿化点 4794 处，10 种矿产居全国首位；柴达木盆地是我国盐湖资源的聚集区，无机盐保有资源储量占全国盐湖资源总量的三分之一。	矿产勘查程度不高，可供开发储量过少，资源回收利用水平低；产业结构不合理，监督管理不完善，深加工及延伸产业发展不足；耕地盐碱化程度较深，出现草场退化、沙化、荒漠化等问题。	合理有序开发优势矿产资源，处理好矿产资源开发与环境保护和利益分配之间的关系；矿产开发与环境保护有机统一，提高矿产开发的经济效益与社会效益，加速矿区生态建设。

续表

省 （区、市）	矿产资源特点	资源开发问题	生态补偿要点
甘肃	已发现各类矿产119种，其中已查明资源储量的77种，探明矿产地1402处；11种矿产已查明资源储量居全国首位，32种矿产已查明资源储量居全国前5位；矿产资源分布高度集中。	需要调整开发与利用结构，加强矿山地质环境保护与恢复治理，解决矿政管理落后面貌，及时满足国家新形势下的矿产开发政策及环境保护需要。	完善生态补偿的法律法规与保证金制度，推广矿山生态恢复治理基金，建立矿山地质环境保护与恢复监督管理体系。
四川	32种矿产的保有储量居全国前五位。攀西地区蕴藏丰富的铁，拥有国内占比93%的钛和83%的钴。省内西北地区蕴含稀贵金属，有望发展成为尖端技术产品的原料供应地。共生、伴生组分多，综合利用效益高。	在矿产资源开发利用过程中，环境破坏、环境污染及矿山地质灾害现象突出，阻碍了地区经济发展和环境质量改善，影响了区域经济社会发展，不利于资源的高效利用。	进行产权制度改革，落实产权登记制度，明确森林权、草原承包经营权、矿山开采权归属。同时，要分别制定生态补偿标准，做到矿产资源开发配套制度体系完善。
重庆	金属及非金属矿产种类多。铝土矿是优势资源，全国第六，锰矿资源在全国享有很高声誉，有世界上最大的锰矿石和电解锰生产基地，有国家级页岩气示范区。	开发利用结构与布局合理性不足，综合利用程度低，开发利用方式粗放，面临的环境污染现象严重，对矿产资源的管理效率低下。	根据森林植被情况制定恢复收费标准。持续推进生态类"地票"交易，深化"林票"制度改革。落实生态环境损害赔偿制度。创新自然资源资产损害赔偿机制。

续表

省 （区、市）	矿产资源特点	资源开发问题	生态补偿要点
陕西	资源大省，金铜排名第7位，磷第8位，银、铁、硫铁矿位于全国排名第11~23位，矿产潜在价值占全国30%以上，62种全国前10，21种进入前三，是重要的能源化工、煤炭生产基地。	存在土地破坏、矿区坍塌、水资源污染等生态危机。生物多样性急剧下降，水土流失严重。森林生长量减少、涵蓄水分功能下降。	创新生态环境治理模式，生态补偿机制以"造血式"补偿为目标，政府、市场、社会协同。完善生态补偿相关法律，严格监管。开展事前补偿，为受偿区发展创造机会。
宁夏回族自治区	矿藏资源储量以煤为主，其次为建材非金属矿产，金属矿产贫乏，其中主要有石膏、石英砂岩、黏土矿物、白云岩、膨润土、磷、铸型用砂、硫铁矿、铸石原料等，占全部矿产的90%以上。已探明储量的非金属矿产地有47处，大型矿床7处，其中石膏累计探明储量列全国第6位。	地质矿产勘查工作萎缩；矿产资源利用方式粗放，利用效率低；多数矿山开采规模小，矿业呈现煤炭—建材型单一结构；煤炭资源的开发占主导地位，矿山环境问题突出。	不再新建对生态环境破坏具有不可恢复的矿产开采项目；开采矿产资源实行矿山闭坑保证金制度；开展矿山环境恢复治理与土地复垦；建立矿产资源输出生态补偿机制，保护民族地区自然资源和生态环境可持续发展。

资料来源：各省、自治区、直辖市政府官网及文献。

当前，由于经济发展不平衡，自然环境脆弱敏感，矿产资源开发各个环节不可避免地存在环境污染、环境损害、文化影响及其他复杂影响，再加上现有的矿产资源开发生态补偿存在机制创新不足、资源配置失当、利益分配不均、补偿标准适用性差等诸多问题，正外部性影响乏力，负外部性影响突出，需完善生态补偿制度设计以满足西部地区资源开发需要。

因此，根据国家政策导向和现实需要，亟待设计一套符合新时代生态文明观的西部地区战略性矿产资源开发生态补偿机制，推动补偿标准的建立及应用实践，探索破解西部地区经济、社会、文化发展与矿业产业环境之间矛盾冲突的难题，形成良性互动的可持续性发展格局。这对于突破我国经济社会发展的资源瓶颈、保障国家安全及推进国家高新技术产业发展、帮助少数民族群众实现增收致富，进而促进社会和谐、增强民族团结具有重大战略意义。

二、研究意义

（1）理论意义

本研究通过查阅国内生态补偿研究的专业书籍、电子资料及对国内生态补偿的文献进行计量分析发现，国内学者从理论和实践上对生态补偿进行了大量研究，涉及生态资源价值评估、生态补偿区域构建、补偿标准以及途径探索等各个方面，为促进我国生态补偿机制的完善发展提供学术支撑。总体来看，针对西部地区矿产资源开发的生态补偿机制的相关研究较少，从事该领域研究的学者和学术论文数量较少，因国内相关研究起步较晚，研究基础薄弱，还有相当一部分研究属于介绍式及探索式研究，没有深入展开。本书以西部地区战略性矿产资源开发生态补偿为研究对象，聚焦战略性矿产资源开发生态补偿国内外研究文献梳理、生态补偿模式实践、生态补偿政策演变分析、生态补偿政策影响评价、生态补偿主题要素挖掘及演化、生态补偿效益综合性评价及生态补偿标准的探究，具有以下理论意义：

一方面，研究从公共政策运行、政策文本关键主题因素挖掘、生态补偿综合效益评价等视角为生态补偿研究提供了新的研判标准、研判方式和研判方法，拓展了生态补偿研究的理论评价体系及系统构成，有助于我国西部地区战略性资源开发生态补偿系统理论建设。

另一方面，研究聚焦西部地区，针对西部地区资源开发的政治性、特殊性、敏感性系统考量，为破解西部地区资源难题，实现西部地区经济社会可持续发展，在资源开发过程中做到把国家经济利益和地区少数民族的文化利益、民族利益及社会利益相统一，提供有力的理论支撑。

（2）**实践意义**

党的十八大以来，生态保护补偿机制日趋完善，投入力度逐步加大，体制机制建设也取得了初步成效，但是在实践中，企业和社会公众参与度不高，优良生态产品与服务供给不足，综合性损害评估及补偿标准测算不能满足实际需要，补偿标准操作性不强或缺乏理论依据，生态补偿机制设计与现实环境保护需求不适应等问题较为突出，对西部地区等特殊区域范围的资源开发及其多重影响因素考虑不足，建立此机制，使其对标生态补偿机制中的市场化、多元化的建设要求，保护生态环境，激发企业和社会公众主动参与的积极性。

本书结合国家"十四五"规划在生态补偿领域的政策导向和现实需要，以定性和定量相结合的研究方法，开展针对我国西部地区应用实践的研究，形成较为系统的评价体系和实施路径，为该地区宏观政策的制定和微观市场调节手段提供了借鉴参考，对公共政策和影响因素进行系统论证，并且尝试构建效益评价体系，从不同决策偏好的角度评价西部地区生态补偿效益，并结合税收调节手段进行补偿标准的探索，从实践角度提供了可借鉴、可参考、可实施的标准制定手段，并开展了面向凉山州战略性矿产资源开发生态补偿状况的研判及标准设计等实证分析，尝试性地将理论成果应用于实践。该研究对实现西部地区矿产资源开发与当地社会、经济、环境和文化利益协同具有重要的实践意义。

第二节　研究内容

本书着眼我国西部地区战略性矿产资源开发生态补偿现状，从生态补偿政策、生态补偿政策文本主题要素挖掘、生态补偿效益综合评价、生态补偿标准设计等方面展开研究，依据生态补偿研究的基础理论，深度诠释战略资源开发、生态环境保护、经济社会发展、文化传承创新四者的关系，结合我国西部地区特点及战略性矿产资源禀赋条件及开发特点，从宏观政策引导和微观市场调节两大视角对西部地区生态补偿体系构建进行研究探索，梳理了生态补偿政策、国内外补偿模式实践，总结补偿理论依据并开展了深入系统的论证，对政策实施效果及生态补偿效益综合评价、补偿标准的构建方法等内容进行了探讨，为西部地区矿产资源开发评价体系构建提供了有益探索，对建立资源开发、环境保护、经济发展、社会和谐、文化协调的西部地区资源开发生态补偿机制具有重要的理论价值和现实意义，有利于推动实现生态文明理念下西部地区的社会经济环境可持续发展。本书的研究内容主要体现在以下几个方面。

研究内容一：基于点面结合的生态补偿研究文献系统梳理

本书采用定性和定量结合的方式，从国内外文献研究的主流数据库采集文献资料，通过文献计量方法 CiteSpace 实现文献研究总体分析及可视化研究，依托 Web of Science（WOS）数据库、CNKI（知网）数据库，对国内外生态补偿研究、矿产资源生态补偿研究及西部地区矿产资源生态补偿研究的文献资源进行系统全面的梳理，对生态补偿研究的文献脉络、历史演变、焦点主题、热点前沿进行归纳总结；基于文献研究，本书分析了目前生态补偿研究领域的不足及现实需求转变环境下理论研究与现实的矛盾，聚焦生态补偿领域的制度创新、补偿标准制定及量化模型设计等方面的研究探索，为推动经济社会发展和生态环境保护提供学理支撑。

研究内容二：生态补偿政策实施效果评价研究

作为国家宏观调控的重要手段，生态补偿政策实施对生态环境保护发挥了重要作用。综合考虑国家宏观政策环境和现实需要，应制定并完善矿产资源开发生态补偿政策。因此，通过政策评估手段，本研究运用相适应的合成控制法（Synthetic contrd methods，SCM），对生态补偿政策在矿产资源开发领域的实施效果进行验证，聚焦西部地区生态补偿政策的影响效果，为我国西部地区矿产资源开发生态补偿工作提供了重要的成效论证，进一步探讨了我国西部地区生态补偿政策执行现状，在政策层面为国家及地方政府推进西部地区生态补偿政策不断健全完善提供了理论与实证依据，并对生态补偿机制研究作出了有益补充。

研究内容三：生态补偿政策关键主题因素挖掘及演化研究

研究选取影响我国西部地区生态补偿的相关政策文本作为语料库，深度挖掘文本主题要素，即关键主题因素，以各级政府发布的生态补偿政策、条例、规范、方案等为研究对象进行 LDA 主题模型分析。研究依照政策文件的发展演化历程，分为不同发展阶段，把各个发展阶段的文本拆分组合形成研究语料库，随后实施 LDA 主题模型分析，对提取的主题要素进行凝练，总结为关键主题因素，即政策文本的关键主题因素，完成识别过程。政策文本关键主题因素挖掘，为构建我国西部地区矿产资源开发生态补偿效益指标体系提供了参考依据。最后，研究利用余弦相似度算法，对各个阶段提取的主题要素之间的相似度进行计算，进而分析不同主题之间的演化关系，最终形成生态补偿政策技术预测的可视化结果。

研究内容四：生态补偿效益综合评价研究

研究立足西部地区战略性矿产资源开发生态补偿现状，将补偿效益评价视为多属性决策问题，通过 VIKOR-AISM 联用方法解决多属性决策问题，包括最大化群体效用和最小化个体遗憾值，从经济效益、环境效益、社会效益和文化效益四个角度，开展生态补偿效益的综合评价，并基于心理账户理论和前景理论对妥协值 Q 及其拐点 k 进行聚类分析，通过绘制对抗层级拓扑图，评价决策主体在不同决策偏好和犹豫区间 k 测度下的综合排序变化，有助于反映评价主体的价值取向和评价倾向因素的综合考量。该研究对评价样本的战略性矿产资源开发生态补偿成效开展了更为客观科学的综合性评价，在可量化方面，为国家制定符合区域特点的生态补偿政策制度、生态补偿模式和生态补偿标准等提供支撑，有助于实现规范管理、竞争有序的生态环境保护和资源开发协同发展的格局。

研究内容五：生态补偿标准构建研究

研究综合考虑现行的生态补偿标准测算方法及模型，提出了采用税收手段调控是自然资源开发生态补偿市场化调节的重要方式，约束力强，可操作性好。研究充分结合前文在政策评估及补偿效益综合评估方面的实践，基于现行资源税和环保税核算方式，通过引入调节系数影响税率，实现调节生态保护、矿产资源开发区域整体生态补偿状况及生态环境承载力状况三个维度的构建，代表地区以凉山州为算例，开展对其战略性矿产资源开发生态补偿情况的论证并尝试性测算补偿标准，给出该区域财税调控的合理建议，为西部地区的资源开发生态补偿提供了重要的实证依据。

第三节　研究思路与方法

一、研究思路

本书围绕党的十九大、十九届四中全会、十九届五中全会、二十大关于生态保护补偿制度的重要论述，紧扣研究目的依次展开，核心研究内容以"提出问题—分析问题—解决问题—实践应用—总结提升"为逻辑主线，基于多学科、多层次、多维度研究视角，理论阐释与实证分析相结合，深入分析我国西部地区战略性矿产资源开发生态补偿的政策影响评价、关键主题因素挖掘、补偿效益综合评价、补偿标准构建，为国家从宏观层面制定更加有效的生态补偿政策及相应的保障措施提供了学术支撑，从微观层面设计更加有效的市场化调节手段及方法提供借鉴参考，为推进我国西部地区资源开发、经济社会发展、文化传承和生态环境保护相协调作出了有益的研究和探索。

二、研究方法

（1）文献计量法

研究将文献的宏观总结和微观论证相结合。依据国外 WOS 文献数据库和国内的 CNKI 文献数据库，通过 CiteSpace 方法，对近年来国内外关于生态补偿研究的进展及趋势进行分析，主要分析了文献研究总体现状，包括国内外主要的发文机构、研究学者、引用关系、前沿理论、主流方法、研究的热点和重点等，对进一步开展生态补偿研究提供了现实依据，对于系统全面深入地了解生态补偿领域研究进展提供了坚实的基础，主要体现在第二章国内外研究现状的梳理研判。

（2）实地调研及问卷调查法

为研究我国西部地区战略性矿产资源开发中的生态补偿现状，以及实践中的问题，研究人员深入西部地区开展实地调研访谈，对四川凉山州和阿坝州发改委、自然资源局、环保局、民族宗教委员会、水务局及自来水公司、相关代表性矿山开发企业进行深入座谈交流及走访，系统收集整理了目前战略性矿产资源开发的法律法规、环境保护问题及少数民族群众在资源开发过程中的意见和建议。同时，通过设计调研问卷，以电子问卷、纸质问卷与访谈问卷的方式，对各级政府领导、企业管理者、矿区少数民族群众、其他社会组织和机构等进行问卷调查，获取关于生态环境感知、补偿政策认知及战略性矿产资源开发的生态效益补偿相关影响因素等方面的资料。该方法主要用于第七章补偿标准的构建及验证。

（3）实证分析法

生态补偿研究从定性分析和定量评价的角度展开，本书通过量化方法对生态补偿的宏观调控和微观调节的成效进行测度分析。本书第四章对矿产资源开发生态补偿政策实施效果进行评价，采用合成控制法，克服了双重差分方法对地区异质性的障碍，有效检验了生态补偿政策对西部地区矿产资源开发的影响及成效。第五章利用西部地区矿产资源开发生态补偿政策制度文本，采用 LDA 模型挖掘生态补偿政策关键主题因素，并对多阶段生态补偿关键主题因素演化情况进行客观描述，推导了国家政策对生态补偿的焦点转换及动态调整。第六章通过 VIKOR-AISM 联用方法解决生态补偿综合效益这个多属性决策问题，包括最大化群体效用和最小化个体遗憾值，从经济效益、环境效益、社会效益和文化效益四个角度开展生态补偿效益的综合评价，并基于心理账户理论和前景理论对妥协值 Q 及其拐点 k 进行聚类分析，通过绘制对抗层级拓扑图，评价决策主体在不同决策偏好和犹豫区间 k 测度下的生态补偿效益综合排序变化，这有助于反映评价主体的价值取向和评价倾向因素的综合考量。采用财税调节的思路，第七章借助资源税和环保税的测算公式，尝试构建适应西部地区矿产资源开发生态补偿标准的理论模型，并实践应用于凉山州战略性矿产资源开发生态补偿策略。

（4）技术路线图

研究通过对当前我国的生态补偿、战略性矿产资源生态补偿、西部地区战略性矿产资源生态补偿及其体制、机制、模式、标准的系统梳理，理清研究现状、关键问题，研判公共政策实施成效，精准识别生态补偿公共政策聚焦的主题要素，开展特定区域对象补偿效益评价，摸清未来市场化、多元化生态保护补偿机制构建的关键环节，科学探索制定补偿标准及开展案例验证，通过运用 CiteSpace 文献计量方法、政策评估的合成控制法、文本主题要素挖掘的 LDA 模型、具有决策偏好特点的 VIKOR-AISM 方法，开展针对本研究主题的机理分析，从不同维度对生态补偿及其成效进行系统性评判，并以市场化、多元化生态保护补偿机制建设为导向，尝试性设计出符合我国西部地区战略性矿产资源开发生态补偿标准，并应用于凉山州战略性矿产资源开发。因此，本研究技术路线如图 1 所示。

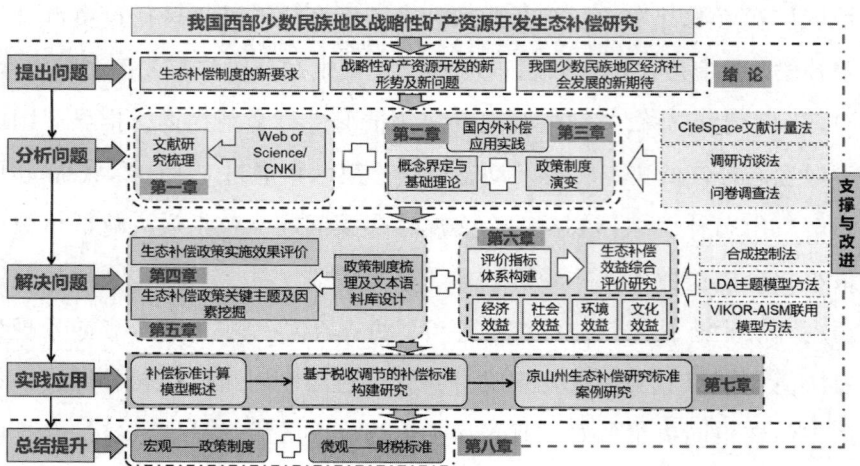

图 1　技术路线图

第四节　创新点与不足

一、可能的创新点

第一，从新视角对西部地区战略性矿产资源开发生态补偿政策实施效果评价及关键主题因素挖掘进行深入研究。以我国西部地区战略性矿产资源开发生态补偿现状为侧重点，开展了政策效果评价及关键主题因素挖掘，以定性与定量研究相结合的方式为西部地区生态补偿研究提供新视角，丰富了生态补偿研究理论的内涵，研究成果为建立多元化、市场化生态保护补偿机制提供了新的理论依据。

第二，构建了西部地区战略性矿产资源开发生态补偿效益综合评价指标体系。采用了多种量化研究的实证分析手段，从宏观政策执行层面量化评价生态补偿政策实施效果，综合考量生态补偿效益与社会、经济、环境及文化的关系，构建了生态补偿效益综合评价指标体系，尝试将非生态补偿评价领域的新方法、新模型、新思路用于生态补偿研究领域，具有重要的实践创新意义。

第三，构建了西部地区战略性矿产资源开发生态补偿标准体系。综合运用了生态环境恢复治理成本核算方法、补偿效果综合评价结果及区域生态承载力及脆弱性判定手段，用财税政策中税率调节的思路尝试性构建了生态补偿标准体系，为生态补偿政策进一步落地实施，为西部地区矿产资源开发生态补偿评价、政策制度完善及补偿损失费用征缴提供了新的思路，研究结论也更具科学性和操作性。

二、研究的不足

本书在补偿标准的设计上，借鉴了财税政策中的税率调节思想，但是选取变量及依靠方法的科学性还有待进一步论证，针对税率调节应用的难度和与国家政策的匹配性有待深入探讨，如何在执行层面落实到税收的征收方案中仍有待验证。同时，由于矿产资源开发中涉及的矿产资源类型、开发难度、附加价值、开发工艺及地区民族社会特征千差万别，地方政府、企业的支付意愿不同，所以补偿标准即便是通过税收税率调节方式得出的，其科学性与操作性也有待继续论证完善、动态调整。研究仅仅是在补偿标准操作层面的尝试，希望可以为民族地区资源开发生态补偿研究提供一些借鉴和参考，对丰富生态补偿研究的理论体系有所贡献。

第一章 生态补偿研究的趋势与特征分析

公平有效的生态补偿机制是生态环境高质量发展的保证，同时，生态补偿是推动生态环境保护稳定发展的重要制度保障和应用手段。因此，本研究需进一步厘清国内外生态补偿研究的历史进展及研究线索，通过文献计量手段对国内外主要的文献数据资源进行梳理和归纳总结。

第一节 基于 CNKI 的生态补偿研究趋势与特征分析

研究以国外数据库 WOS、国内数据库 CNKI 的相关文献作为资源基础，通过生态补偿研究的关键检索词开展检索分析，从研究现状、进展、发展趋势等方面开展生态补偿的系统性梳理分析，全面认识了生态补偿领域的研究重点与前沿知识，为后续研究亟须解决的重难点问题提供了文献基础。

我国关于生态补偿的相关研究起始于 2004 年，研究年限较短，但研究工具、研究内容及研究成果显示出很好的后发优势，即相关研究不断深入与突破。在此，针对国内生态补偿研究现状，通过文献知识图谱，深入分析国内生态补偿方面研究的现状和未来趋势，同时结合国内关于生态补偿方面开展的最新研究，对未来生态补偿研究的方向和重点提出科学合理的建议。

国内研究现状研究选用 CNKI 数据库进行搜索和研究，以"生态补偿""生态补偿机制"和"生态补偿标准"等为关键词进行搜索，总共搜索到 11979 篇中文文章（搜索截至 2021 年 6 月），剔除会议、报纸、年鉴等非学术论文文献数据，经过筛选后得到可用的文献数据共计10278篇。

对生态补偿相关发文量趋势（见图1-1）进行研究，趋势图清晰地展示了2004年至2021年的发文量情况。2004年是国内生态补偿研究的起始之年[①]。总体来看，2004—2021年生态补偿方面研究的发文量处于不断上升的状态，但是不同的时间段有很明显的区别。2004—2013年，生态补偿相关发文量处于爆发式增长的阶段，短短10年时间，从一年不到50篇增加到一年636篇，这说明我国生态补偿领域正在不断吸引学者去探究，逐渐成为生态学研究的前沿热点，具有很大的发展潜力和很强的爆发力，也说明国家和学者逐渐认识到生态补偿研究的重要性和现实意义；2014—2020年，我国生态补偿研究处于稳定的发展期和高产期，每年发文量都在700篇以上，这说明我国学者在生态补偿领域的研究成果持续稳定产出。从2021年1月至7月，我国生态补偿相关发文量有335篇，这说明生态补偿领域相关研究成果一直保持稳定产出。

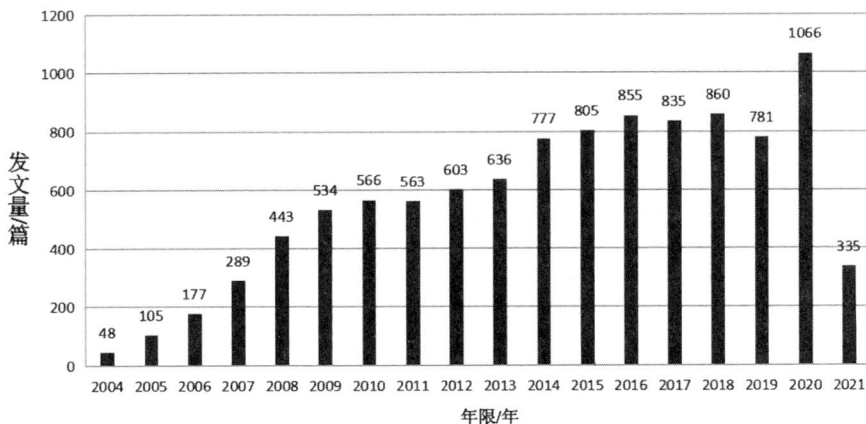

图1-1 发文量时间图

---

① 之前每年相关研究的发文量很少，因此从2004年开始进行统计和研究

　　研究根据发文机构合作网络分析，将 2004—2019 年按照年度时间切片，在每个时间切片里提取前 10 名，且最低提取机构发文数量为 2 篇。运行后得到的机构数量为 137 个，合作关系数为 34 个，研究机构的合作网络如图 1-2 所示。同时，我们得到了发文量前 20 的机构（见表 1-1）。节点的大小代表机构论文的数量，网络中的线条表示发文单位之间的合作情况，其粗细程度表示发文单位之间合作的紧密程度。

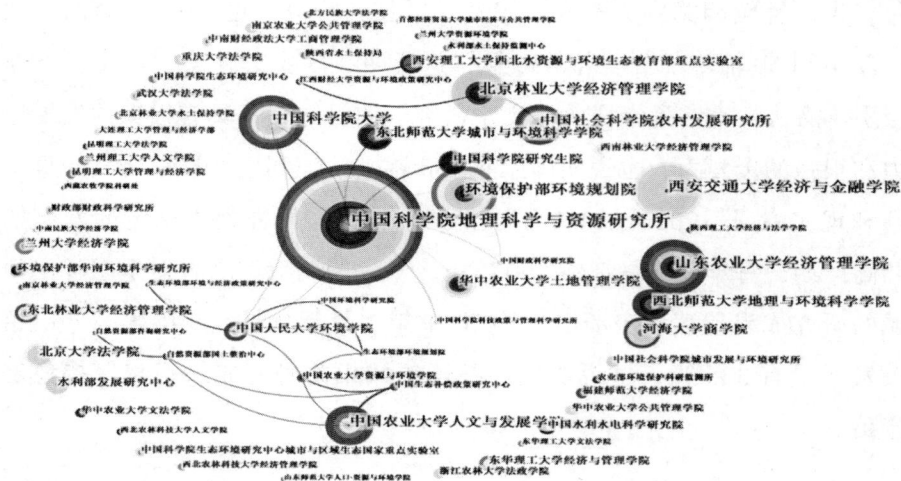

图 1-2　研究机构合作图谱

表 1-1　研究机构发文量前 20 排序表

排序	发文量／篇	机构
1	100	中国科学院地理科学与资源研究所
2	49	山东农业大学经济管理学院
3	45	西安交通大学经济与金融学院
4	44	中国科学院大学
5	42	环境保护部（现为生态环境部）环境规划院
6	36	北京林业大学经济管理学院
7	34	中国社会科学院农村发展研究所
8	34	河海大学商学院
9	34	中国农业大学人文与发展学院

续表

排序	发文量 / 篇	机构
10	24	华中农业大学土地管理学院
11	21	北京大学法学院
12	21	东北师范大学城市与环境科学学院
13	19	西北师范大学地理与环境科学学院
14	19	中国人民大学环境学院
15	17	东北林业大学经济管理学院
16	17	中国科学院研究生院
17	16	西安理工大学西北水资源与环境生态教育部重点实验室
18	14	兰州大学经济学院
19	12	东华理工大学经济与管理学院
20	12	水利部发展研究中心

用文献计量软件 CiteSpace 分析所得的核心发文机构的相关信息（见表 1-1）显示：聚焦国内生态补偿研究的机构有中国科学院地理科学与资源研究所、山东农业大学经济管理学院、西安交通大学经济与金融学院和中国科学院大学等 20 个机构。中国科学院地理科学与资源研究所以100 篇的发文量一枝独秀，遥遥领先于其他发文机构，研究成果丰硕，是生态补偿研究领域的领跑者。以单位类型为划分标准，各大高校的管理学院和土地资源类研究所是我国生态补偿研究的中坚力量，其中，各大高校的研究成果要多于各类型研究所。从作者合作网络整体来看，大部分高校和研究所在生态补偿方面进行相对独立的研究，只有部分高校和机构之间有一定的合作，而且进行合作研究的高校与研究所正是发文量较多的单位。这说明对于生态补偿的研究是一种跨学科、跨行业的综合研究，成果的产出需要各种研究机构和力量互相配合。

本书对 8877 篇文献的作者分布情况及合作关系展开分析，以 2004—2019 年的文献数据为研究对象，切分的形式为"年"，选择节点类型为"作者"，提取目标为每个时间切片中位于前 10 名的作者，最后选择最小生成树精简算法（Minimum Spanning Tree）生成作者的合作网络。利用软件分析获得了 281 个作者的合作网络图，其中合作关系累计数量达到 122

个，绘制得到的作者合作网络图（图1-3）和发文量前20的作者列表（表1-2）。

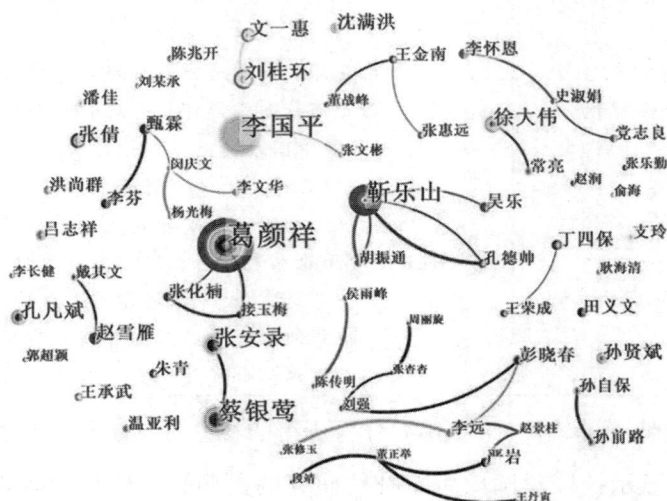

图1-3　作者合作网络图

表1-2　作者发文量前20名排序表

序号	发文量/篇	姓名
1	46	葛颜祥
2	35	李国平
3	27	蔡银莺
4	26	靳乐山
5	19	张安录
6	16	刘桂环
7	14	徐大伟
8	14	孔凡斌
9	13	张倩
10	12	文一惠
11	10	沈满洪
12	10	赵雪雁
13	10	孙贤斌
14	9	吕志祥
15	9	吴乐

续表

序号	发文量 / 篇	姓名
16	9	甄霖
17	9	丁四保
18	9	彭晓春
19	8	田义文
20	8	洪尚群

从合作网络图中可以清楚地看出作者之间是否有相应的合作关系，大部分作者都与其他作者有一定的合作关系，发文量较多的作者与其他作者的合作关系更加紧密；少部分作者独立进行相应的研究。但从整体来看，生态补偿的研究作者建立合作关系是比较普遍的。生态补偿是一个跨学科跨领域的综合性研究方向。在合作网络中，葛颜祥、李国平、蔡银莺和靳乐山等作者组成生态补偿研究的核心力量，推动国内生态补偿研究的发展[1-8]。

最后，本书进行生态补偿领域关键词共现分析时，以关键词作为节点，分割时间片段为"年"，在阈值设定上遵循共现次数超过 4 次，关键词词频大于 4 次，关键词之间的相似系数大于 0.21，最后采用最小生成树精简算法生成国内生态补偿研究高频关键词共现网络图，经过规范化后处理的关键词共有 352 个，如图 1-4 所示。

国内生态补偿的研究主要以关键词"生态补偿"为中心展开，生态补偿机制、生态补偿标准、可持续发展、生态建设和生态文明建设等关键词也出现较多，这说明此类研究是紧扣生态补偿的衍生性学术成果[9-16]。本书整理了中心性前20 的关键词列表（表 1-3），发现关键词的中心性并不会随着频次的增多而提高。

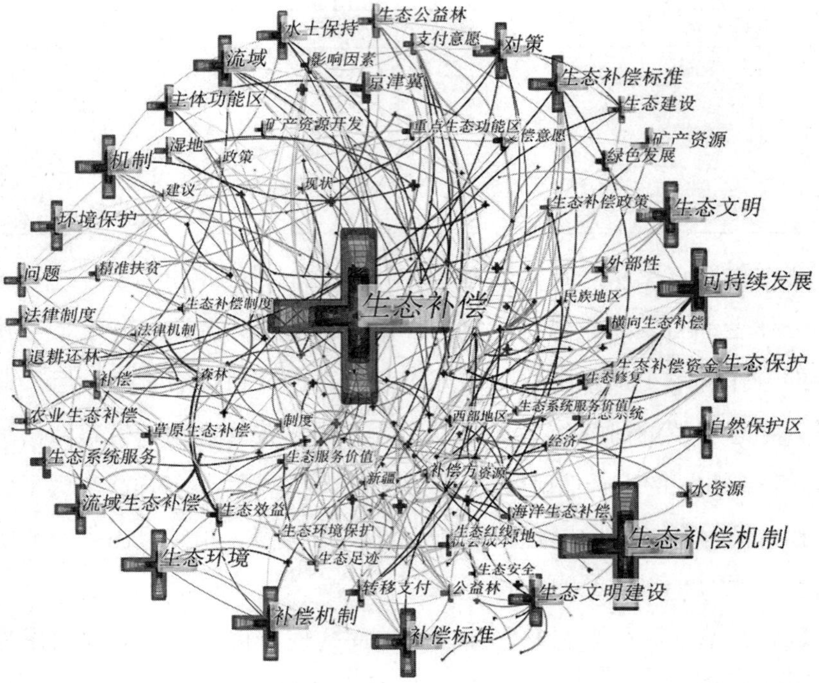

图 1-4　关键词共现网络图

表 1-3　关键词频次和中心性统计表

排序	频次	中心性	关键词
1	67	0.16	补偿
2	61	0.16	生态补偿资金
3	65	0.12	转移支付
4	926	0.11	生态补偿机制
5	206	0.11	生态保护
6	39	0.11	新疆
7	229	0.09	生态文明建设
8	57	0.09	草原生态补偿
9	51	0.08	公益林
10	216	0.07	机制
11	52	0.07	生态效益
12	26	0.07	生态功能区

续表

排序	频次	中心性	关键词
13	25	0.07	旅游生态补偿
14	200	0.06	生态补偿标准
15	186	0.06	流域
16	95	0.06	主体功能区
17	88	0.06	法律制度
18	55	0.06	生态补偿政策
19	50	0.05	影响因素
20	43	0.05	生态足迹

　　本研究对关键词进行突现排序（如图 1-5 所示），发现在特定一段时间内，学者针对某个学术研究或专题展开探讨，并大量产出具有内在联系的学术成果，该学术研究随即成为所在领域的前沿热点。同时，基于科学发现理论和陈超美博士提出的共被引指标综合计算方法所得出的关键词共线图谱，也可以反映某时间段内该领域研究成果的聚焦情况。

　　图 1-5 显示，2004—2019 年中国生态补偿研究集中在两类主题：第一类是生态补偿机制、可持续发展和生态建设等研究，这一类研究聚焦于生态补偿的制度和标准建设，从宏观的角度进行研究；第二类是长江经济带、绿色发展、精准扶贫和生态文明建设等研究，我国生态补偿方面的研究逐渐转为因地制宜、解决微观领域的现实问题，注重不同地区采用不同方式，既能实现生态补偿的目的，也能满足社会经济文化发展[9-16]。

关键词	年份	实现程度	开始年份	结束年份	2004—2019年
生态补偿机制	2004	34.56	2004	2007	
生态文明建设	2004	19.5428	2013	2015	
京津冀	2004	18.1993	2015	2019	
绿色发展	2004	17.7761	2016	2019	
长江经济带	2004	14.1454	2016	2019	
精准扶贫	2004	14.1454	2016	2019	
外部性	2004	13.3738	2009	2010	
可持续发展	2004	13.3434	2005	2009	
生态补偿	2004	11.0471	2004	2005	
生态保护补偿	2004	10.492	2017	2019	
生态建设	2004	10.491	2006	2008	
补偿	2004	9.657	2005	2007	
生态扶贫	2004	9.6305	2016	2019	
机制	2004	9.5394	2007	2011	
经济	2004	9.313	2006	2010	
国家公园	2004	9.3085	2016	2019	
生态效益	2004	9.2934	2008	2011	
西部地区	2004	8.976	2006	2013	
协同治理	2004	8.8095	2017	2019	
鄱阳湖	2004	8.7464	2009	2012	
横向生态补偿	2004	8.5217	2016	2019	
低碳经济	2004	8.4784	2010	2013	

图 1-5　关键词突现示意图

　　通过对国内生态补偿的文献计量分析，课题组发现，生态补偿的理论研究和实践研究已有大量的成果积累，主要聚焦生态补偿标准设计、生态补偿途径探索、生态补偿价值评估及生态资源价值核算等多个方面，研究促进了国内生态补偿的发展，丰富了生态补偿理论内涵，产生了形式多样的应用贡献。但是，我国生态补偿研究起步相比国外较晚，仍要借鉴学习国外研究经验，进一步推动我国生态补偿机制体制的完善和发展。补偿机制设计与补偿大小计量两个方面是发达地区生态补偿研究的热点和焦点，由于国内外的国情、法律制度及统计资料翔实程度方面均有差异，研究要注重将吸收国外宝贵经验和体现我国国情特色进行融合与协调，加速我国多种补偿对象类型的生态补偿机制建设与发展。

通过 CNKI 研究趋势分析，课题组发现，在生态补偿的机制研究方面，毛显强等整理了生态补偿的内涵与理论基础的相关研究并提出自己的见解，指出生态补偿本质是一种环境经济手段，其目的是将外部成本内部化，重点提出要回答谁补偿谁、补偿多少和如何补偿三个问题，并对生态补偿的实施、额度等机制设计问题展开研究，强调产权明晰是生态补偿有效实施的基础，让渡资源产权所产生的机会成本应是补偿额度的确定标准[17]。曹明德认为，在某种程度上，生态补偿机制强调自然资源的有偿使用原则，又以流域、森林资源等领域的生态补偿研究为例阐述了相关利益者对生态补偿制度的不同立场以及他们之间的利益冲突，最后对我国生态补偿制度提供建议，并对目前存在的薄弱环节提出改进建议[18]。沈满洪等将生态保护补偿机制理解为一种以制度创新实现外部成本内部化、化解作为公共物品的生态产品在消费中存在的"搭便车"情形，以及合理确定生态产品投资群体回报的制度，并以补偿对象、条块角度以及补偿效果等视角对生态补偿机制归类，也提出了"输血型"补偿和"造血型"补偿两种分类[19]。李文华等发现森林资源具有公共物品的特性，总结提炼出国外此领域理论和实践经验并融入国内特点，为我国建立完善的森林生态效益补偿机制提供思路和参考[20]。赖力等对近年来国内外生态补偿的内涵、理论依据、补偿范围、补偿模式和效果评价等重点内容进行总结归纳，提出开展具有中国特色且因地制宜的生态补偿理论与方法研究的必要性和基本内容[21]。李文华等通过长期的理论研究和调查分析，得出生态和环境问题也是社会经济发展的薄弱环节这一结论，并提出建立科学有效的生态补偿机制、调整各利益相关者的生态及其经济价值的分配关系，实现综合协调发展迫在眉睫[22]。

在生态补偿法规制度建设方面，万军等从宏观生态政策法规、财政制度和税费制度，以及中观重大生态工程建设、市场交易规则两个视角整理出我国生态补偿机制和政策的薄弱环节及改进方向，提出要重点关注我国针对西部地区的生态补偿制度、针对重点生态功能区的补偿机制、流域方面的生态补偿制度和针对重要生态要素的补偿制度[23]。王灿发分析了我国30年来建立的生态文明建设的法律保障体系，研究认为，法律体系的框架结构、各项原则的构成、相关制度的建设仍存在缺乏系统性、涵盖范围不完整、适应性不强、依据缺乏科学性等问题，提出生态及资源保护要从预防、管控、救济三个维度建立保障制度[24]。孙佑海提出完善的生态环境损害责任追究制度是解决长期环境保护过程中违法成本低、守法成本高等问题，以及促进生态文明建设的有效保障，并提议从严格实行针对损害环境责任者的赔偿制度、依法追究刑事责任以及建立健全环境行政处罚制度三个方面着手建立完善的生态环境损害责任追究制度[25]。

在生态补偿标准确定方面，章锦河等介绍了旅游生态足迹的内涵和理论，并以九寨沟为例，运用旅游生态足迹计算方法构建了一个用于确定对该生态旅游区居民的生态补偿力度的模型，得出生态旅游区实现社会经济持续发展和有效保护生态资源离不开对依附于该生态旅游区生存的社区居民的合理补偿这一重要观点[26]。孙新章等发现，随着我国生态补偿实践的深入与扩展，仍存在补偿额度标准不合理、补偿范围不全面、补偿渠道与方式单一和相关政策支持性不高等问题，提出要建立补偿额度的确定标准，以及不同层面要完善关于生态补偿的支持性政策[27]。李晓光基于文献调研分别阐述了确定生态补偿标准时可以依据的生态系统服务功能价值理论、市场理论和半市场理论三种理论基础的具体内容，以这三种理论为依据，系统整理出用于合理确定生态补偿标准的主要方法，并对比总结了每种方法的原理依据、使用情形、优缺点及典型案例的应用，最后为完善生态补偿标准确定方法指引了方向[28]。秦艳红等以部分西方发达国家和发展中国家为研究对象，归纳了生态补偿措施存在的漏洞与实施过程存在的困难，提出建立有效的生态补偿组织管理体系、明确补偿对象的权利与义务、确定补偿标准以机会成本为依据并确保因地制宜、综合考虑支付意向和支付能力来确定合理的支付标准、建立多元化的融资方式与渠道、充分融合生态研究与经济研究的优势等[29]。欧阳志云等在研究我国国家、区域、流域三个尺度的生态补偿时发现，生态补偿实践的问题主要是补偿标准不确定、补偿范围不清晰、补偿方式和渠道单一等机制上的问题，对我国的生态补偿机制建设提出了需要考虑国情等相适应的建议，并就科学确定补偿范围、合理明确补偿对象、建立公平的补偿标准和方法、完善补偿机制设计提出了建议[30]。

在生态系统价值理论研究方面，杨光梅等学者总结，在生态补偿的内涵、理论基础、补偿范围和补偿标准等核心问题上仍没有统一定论。我国生态补偿内涵侧重点已经从关注其产生的生态学意义跨越到关注其产生的经济学意义，目前阶段的生态补偿内涵与国际上的"生态系统服务付费"观点比较接近；学者们对于生态补偿的环境经济学理论来源包括环境外部成本内部化原理和公共物品理论这一观点较为统一，但是关于效益补偿与价值补偿哪个是生态系统服务作为生态补偿的理论依据还有待商榷[31]。

在生态补偿损害赔偿研究方面，王金南等总结了国内外生态环境损害赔偿制度的发展历程，介绍了实行环境损害赔偿试点的主要措施和实施影响，提出制定较为完整的损害赔偿制度体系的建议，不仅包括基本法律，而且包括保证其顺利运行的资金、监督制度[32]。高吉喜等从试点方案中总结重难点并就量化技术研究、评估体系完善、建设人才队伍、设立独立机构、构建基于生态文明建设的探索模式等提出意见[33]。刘画洁[34]、吕忠梅[35]、侯佳儒[36]、梅宏[37]、汪劲[38]、郭海蓝[39]等学者分别从制度建设有待完善的角度，提出完善我国生态环境损害赔偿诉讼制度的对策建议。张林鸿[40]、王树义[41]等从构建生态环境损害赔偿磋商的赔偿主体、具体内容、保障机制、磋商过程等方面提出构建损害赔偿体系的主要结构。张梓太等强调推进我国生态环境损害赔偿立法的急迫性，并指出立法的重点内容应包括责任划分、纠纷处理原则和资金保障等[42-43]。王小钢从生态环境损害赔偿诉讼特殊性方面考虑，认为生态环境损害赔偿诉讼属于特殊的私益诉讼[44]。蔡守秋提出科学的生态损害赔偿制度应符合生态承载力、生态修复优先、惩罚性赔偿三项基本原则[45]。何军等研究认为，在生态环境损害的赔偿过程中，政府发挥了十分重要的作用，这也决定了政府索赔诉讼的性质[46]。吴惟予指出，我国生态环境损害赔偿制度改革已经从个别试点阶段进入全面试行阶段，要妥善处理生态环境损害赔偿制度与已有公益诉讼等相关制度之间的功能重叠问题[47]。彭中遥从现有的法律框架出发，指出诉讼性质的认定在现有诉讼制度完善中发挥了极大的作用。在新形势下强化政府的职能作用、注重诉讼性质的有效确定、重视规则的建立是生态环境损害赔偿完善的重要着力点[48]。

第二节　基于 WOS 的生态补偿研究趋势与特征分析

国外生态补偿研究数据选自 WOS 外文数据库，检索时间设置为 2003 年至 2021 年，文献类型为"Article"，以"Ecological compensation"和"Ecological compensation standards"为关键词分别搜索相应文献，共搜索到 1604 篇中文文章（搜索截至 2021 年 6 月），剔除重复数据得到有效数据 1386 篇，相关发文量如图 1-6 所示。

总体来看，2003—2021 年，生态补偿方面研究的发文量处于不断上升的状态，不同时段有一定的起伏，但整体呈现正态分布，符合一个学科的发展态势。2003—2005 年，发文量较少，说明生态补偿领域研究还没受到重视，此领域学者也较少；2006—2013 年，发文量处于缓慢增长阶段，标志着生态补偿研究迎来了新的发展。发文数据显示，国外生态补偿研究正逐渐成为研究的热点，这说明国外许多国家和学者逐渐认识到生态补偿研究的重要性和现实意义。2014—2021 年，发文量呈现较大增长，每年发文量都在 80 篇以上，这说明此时国外生态补偿研究热度持续增加，展现出很大的发展潜力和很强的爆发力，生态补偿领域的研究成果持续稳定产出。

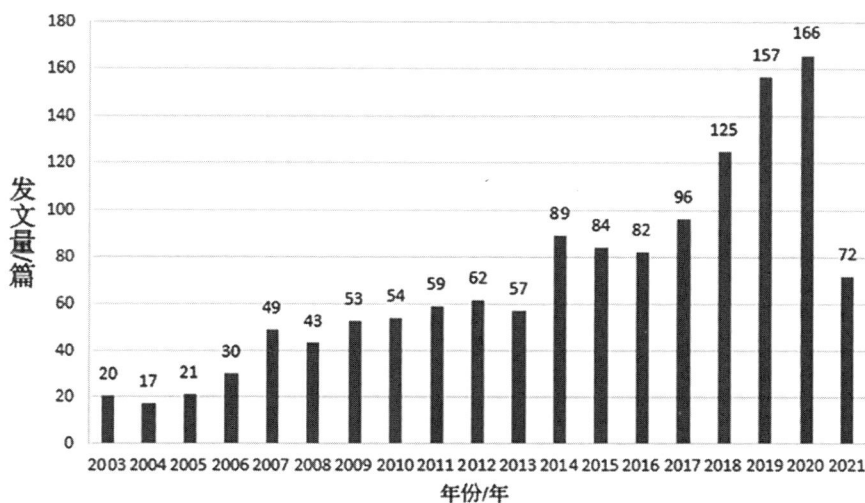

图 1-6　发文量时间图

从国家发文合作的层面进行网络分析，按照年度划分 2003—2020 年，并提取单个时间切片前 10 名发文量的国家，且每个切片里国家发文量提取数量不少于 2 篇，最终得到 39 个国家的国家合作图谱，同时得到发文量排名前 20 的国家（表 1-4）。统计数据显示，生态补偿研究主要聚集在北美洲、欧洲和大洋洲等发达地区，发展中国家中的中国是生态领域重要的研究力量，国家间文献发表量可以很明显地反映出各国在生态补偿领域的发展水平，具体分析如下。

第一，中国和美国的发文量超过 300，遥遥领先于其他国家，因此在生态补偿研究领域，中美两国是领跑者，也是生态补偿重要的推动力量。

第二，相比其他地区，欧洲国家在此研究领域的数量最多，说明欧洲各国积极推动相关科研的发展，有德国、瑞士、英国等代表性国家。

发文量显示，这些国家的发文量相差较小，分布比较均匀，这说明欧洲在此领域的研究水平相近。

第三，前十名中的亚洲国家仅有中国，且中国发文量排名第一。中国虽然是发展中国家且相关领域的研究时间不长，但中国在这一领域的研究成果已在国际上形成很大的影响力。这说明中国已经跨越了以牺牲环境为代价的发展模式，逐渐走上了循环可持续生态发展模式。

表 1-4 国家发文量前 20 顺序表

排序	发文量 / 篇	国家
1	348	中国
2	325	美国
3	116	德国
4	87	瑞士
5	81	英国
6	65	澳大利亚
7	53	加拿大
8	50	法国
9	48	西班牙
10	31	荷兰
11	28	巴西
12	23	意大利
13	22	瑞典
14	21	芬兰
15	16	新西兰
16	12	挪威
17	12	印度
18	11	丹麦
19	10	波兰

　　本研究根据发文机构合作网络，将2003—2021年按照年度进行切分，每一个时间切片提取前10名，且每个时间切片内提取的机构发文量最低为2篇，运行后得到的机构数量为48个，研究机构的合作网络，同时得到发文量前20的机构（表1-5）。

表 1-5　研究机构发文量前 20 排序表

排序	发文量 / 篇	机构
1	97	中国科学院
2	26	中国科学院大学
3	22	北京师范大学
4	22	亥姆霍兹 CTR 环境研究院
5	14	瑞士鸟托研究所
6	12	佛罗里达大学
7	11	赫尔辛基大学
8	10	南京大学
9	10	河海大学
10	9	北京林业大学
11	9	浙江大学
12	8	北京大学
13	8	华中农业大学
14	8	中国地质大学
15	8	威斯康辛大学
16	8	清华大学
17	7	墨尔本大学
18	7	卡罗莱纳大学
19	7	法国国家科学研究中心
20	6	昆士兰大学

中国科学院、中国科学院大学、北京师范大学、瑞士联邦理工学院和德国莱比锡 – 哈勒环境研究中心等高校或机构是生态补偿研究领域的主要力量。中国科学院以 97 篇的发文量遥遥领先，远远超过其他研究机构，是生态补偿研究领域的领跑者。从研究机构的类型来看，全球生态补偿研究的主要力量依然集中在各大高校。整体来看，大部分高校和机构在生态补偿方面的研究呈现跨学科、跨领域和跨层次的特点。这说明生态补偿是一个综合性的研究学科，需要各个领域和行业的专业学者进行合作才能达到较好研究效果。

中国研究机构占比较大，中国科学院、北京师范大学等 6 家机构跻身发文量前 10 位。这说明在全球的生态补偿领域，中国研究机构是生态补偿领域的中坚力量，有很强的权威性。

对作者关系进行处理后得到作者合作图谱（图 1-7），该图展示了学者之间的合作情况。大部分学者有着较为紧密和频繁的合作，发文量多的学者与其他学者合作更加频繁。这说明在生态补偿领域权威性学者有着固定的合作对象，少数学者对生态补偿进行独立研究。但学者的合作图谱显示，生态补偿是一个综合性学科。详细来看，在合作网络图中，主要以 Martin Drechsler、Frank Waetzold、Simon Birrer、Gaodi Xie、Lukas Pfiffner 等作者构成了生态补偿的核心研究力量，其中学者 Martin Drechsler 和 Frank Waetzold，Simon Birrer 和 Lukas Pfiffner 多次合作探讨生态补偿研究，并共著论文多篇，中国学者 Gaodi Xie 也发表了许多有关生态补偿机制的论文。作者发文量前 20 名排序如表 1-6 所示。

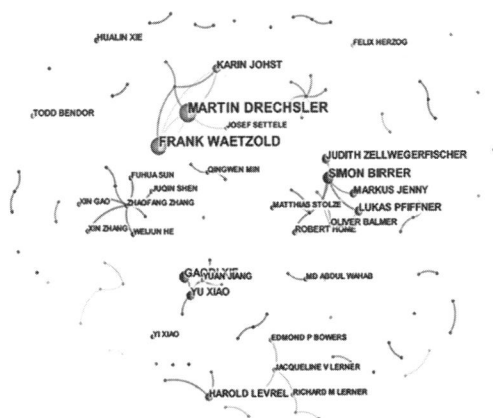

图 1-7　作者合作图谱

表 1-6　作者发文量前 20 名排序表

序号	发文量／篇	姓名
1	12	Martin Drechsler
2	11	Frank Waetzold
3	8	Simon Birrer
4	7	Gaodi Xie（谢高地）
5	6	Lukas Pfiffner
6	6	Yu Xiao（肖宇）
7	6	Karin Johst
8	6	Judith Zellwegerfischer
9	5	Markus Jenny
10	5	Harold Levrel
11	4	Hualin Xie（谢华林）
12	4	Oliver Balmer
13	4	Todd Bendor
14	4	Rober T Home
15	4	Yuan Jiang（姜源）

续表

序号	发文量 / 篇	姓名
16	3	Zhaofang Zhang（张兆芳）
17	3	Josef Settele
18	3	Md Abdul Wahab
19	3	Felix Herzog
20	3	Yi Xiao（肖毅）

　　本书进行生态补偿的关键词共现分析时，以关键词作为节点，分割时间片段为"年"，采用最小生成树精简算法，最终得到国外生态补偿研究高频关键词共现网络图谱（图 1-8）。分析图谱得知，2003—2021 年，conservation、biodiversity、compensation、ecosystem service、management、impact、ecological compensation 和 climate change 等关键词出现的频次较高。[1] 从关键词中可以看出，环境保护、生物多样性、管理、政策和影响等是当前生态补偿研究的热点。详细来看，生态补偿关键词主要分为宏观和微观两个角度，conservation、biodiversity 和 compensation 等关键词从宏观的角度对生态补偿进行描述和研究，而 ecosystem service、policy 和 land use 等关键词从微观视角进行深入细致的研究。因此，生态补偿研究不局限于某一方面，涵盖经济、文化、自然和政策等框架和内容。这说明生态补偿是一个涉及多领域、复杂且需要多方配合的学科。

---

① 关键词中文释义见表 1-7。

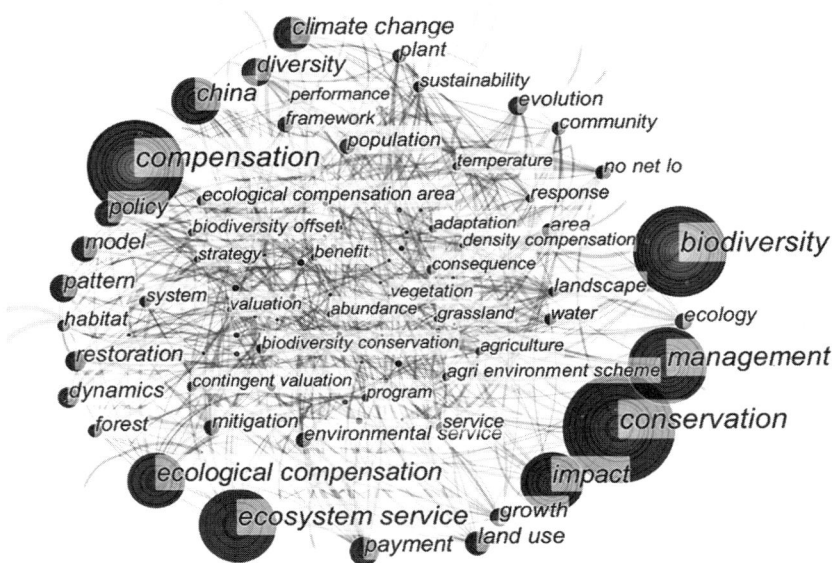

图 1-8 关键词共现网络图

中介中心性（betweeness centrality）表明一个节点在网络中的重要性，本研究通过该指标发现和衡量关键词在研究领域的重要性，指标超过 0.1 的节点即关键节点。基于此，本书在对关键词进行共现分析和聚类分析的基础上，进一步以高频关键词中介中心性进行统计分析，研究发现关键词的出现频次与中心性之间并不是严格的正相关关系，出现频次和重要性需要分别考虑（表 1-7）。

表 1-7 关键词频次和中心性统计表

排序	频次	中心性	关键词
1	175	0.07	conservation（对自然环境的保护）
2	150	0.10	biodiversity（生物多样性）
3	149	0.18	compensation（补偿）
4	125	0.05	ecosystem service（生态系统服务）
5	123	0.09	management（管理）
6	99	0.08	impact（巨大影响）

排序	频次	中心性	关键词
7	92	0.07	ecological compensation（生态补偿）
8	78	0.04	China（中国）
9	65	0.05	climate change（气候变化）
10	61	0.09	diversity（多样性）
11	53	0.07	policy（政策）
12	52	0.03	payment（款项）
13	51	0.13	pattern（范例）
14	51	0.04	model（模范）
15	50	0.10	restoration（修复）
16	47	0.09	land use（土地使用）
17	45	0.09	growth（增长）
18	44	0.05	dynamics（动态）
19	38	0.08	evolution（演变）
20	36	0.08	ecology（生态学）

学术研究的热点领域也是反映研究特征和趋势的重要指标，主要呈现一定时期内学术交流的热点，因此，本研究处理得到生态补偿关键词突现表（图1-9）。关键词突现表显示，2003—2021年国外研究学者主要研究生态补偿的两个方面：一方面是对生态环境现状整体认识的研究，关键词包括compensation，biodiversity，dynamics，species richness，extinction等，研究者观察现在生态环境中出现的问题，从客观的角度提出生态补偿；另一方面是对生态补偿中经济增长、经济补偿、农业补偿等领域的研究，关键词包括growth，compensation payment，agricultural landscape，agri environment scheme等。通过分析国外学者关于生态补偿计量的情况，本书发现，国外学者在生态领域进行了大量研究，包括生物多样性、动物的生活情况、物种丰富度、生物栖息地、生态环境动态变化等，从这些生态结果进一步分析生态环境中存在的问题，背景各不

相同的国家如何制定相应的政策改善生态环境。研究者发现生态环境与经济发展有着密切的联系，从经济角度以货币、机会成本、经济增长、无净损失等为关键词，研究生态价值评估、生态补偿区域构建等。有学者通过大量的数据分析，设计并建立了数学模型，从计量经济领域展开研究。发达地区较早时期的研究着眼生态学领域，进而从生态学扩展到生态经济领域。长时间大量的研究积累表明，西方发达国家在生态补偿研究方面的成果处于领先地位，是值得学习和继续深入研究的。

关键词	年份	实现程度	开始年份	结束年份	2000—2020年
增长	2000	7.6895	2000	2010	
食草性	2000	3.5425	2000	2010	
光合作用	2000	3.5425	2000	2010	
表型可塑性	2000	4.7765	2001	2009	
补偿	2000	4.0031	2001	2009	
生物多样性	2000	6.7134	2002	2009	
动力学	2000	5.0412	2003	2005	
丰富	2000	3.436	2003	2007	
生态学	2000	4.1077	2003	2007	
人口	2000	4.3503	2003	2013	
多样性	2000	5.6275	2003	2009	
物种丰富度	2000	4.8451	2004	2011	
群体	2000	3.7239	2004	2008	
稳定性	2000	3.3805	2004	2008	
生物形态学	2000	3.8625	2006	2007	
灭绝	2000	5.0858	2006	2010	
捕食	2000	3.4743	2006	2011	
补偿金	2000	3.4652	2007	2010	
栖息地	2000	3.4619	2007	2010	
农业景观	2000	3.4959	2007	2012	
生态补偿区	2000	3.98	2007	2014	
后果	2000	5.7929	2008	2011	
植被	2000	4.2757	2008	2009	
农业环境计划	2000	4.3049	2008	2012	
选择	2000	5.0717	2009	2011	

图 1-9　关键词突现示意图

　　本书用 CiteSpace 软件就生态补偿相关文献展开共被引文献可视化分析，目的在于梳理分析生态补偿领域的高被引文献，找到生态补偿领域研究的理论和实践基础。

　　通过对最新生态补偿研究领域的高被引文章进行分析，本研究发现，生物多样性是当前研究的热点。Fabien Quétier 和 Sandra Lavorel 的研究指出栖息地消失是生物多样性消失的主要原因之一，而造成栖息地消失的原因是不完善的治理，如监管不严、责任界定不清等。作者在文中介绍了如何在不同的监管环境中制定不同的方法和程序，比较每个受影响的生物多样性组成部分的损失和收益，通过组合这些方法形成指导方针，完成生物多样性抵消和生态补偿。Joseph W. Bull 指出生物多样性抵消是一种越来越受欢迎但在保护方面有争议的工具。它们受欢迎在于它们有可能同时实现生物多样性保护和经济发展的目标；有争议在于必须接受生态损失，以换取不确定的收益。作者从货币、无净损失、等价物、不确定、可逆性等方面从经济角度提出生物多样性补偿问题并加以分析；对生物多样性抵消面临的实际挑战进行阐述，首次将不同国家抵消政策执行成功的经验结合起来，系统地梳理了生物多样性抵消方法。Bruce A. McKenney 和 Joseph M. Kiesecker 比较了界定生物多样性抵消政策目标、处理缓解进程及实施抵消措施的六个关键问题（项目影响与抵消收益的等价性，相对影响地点的偏移位置，"额外性"和可接受的补偿类型，项目影响与抵消效益的时间安排，抵消期限和遵守情况，以及"货币"和缓解替代比例），并且确定了需要进一步政策指导的问题，包括：如何最好地确保符合缓解等级制度，如何最好地在景观范围内确定最有利于环境的补偿，以及如何最好地确定适当的缓解替代比例。文献提出要用更多的量化方法帮助解决生态补偿问题，以支持真正实现净亏损目标的抵消。Martine Maron 谈到以现行生态恢复的科学和实践来补偿发展项目造成的生物多样性丧失的方法是没有证据支持的，生物多样性抵消对生态恢复的要求比它所能达到的要求更高。故研究者们引入了一个概念模型，说明限制补偿技术成功的三个因素：时间滞后、不确定度和被抵消值的可测量性。以上三种因素也能通过健全的抵消政策设计加以管理，该政策包括积极的适应性管理、时间贴现、明确的不确定性核算和生物多样性银行，以此减缓对生态补偿产生的阻碍，但恢复可以提供"无净损失"补偿的领域仍然很小。

生态补偿效果、补偿标准及生态服务价值评估也是国外学者研究的前沿。Atte Moilanen 提出了一个不确定的分析框架，用于计算平常所称的可靠的公平偏移率，这保证了交换产生至少相当于开发地点损失的、同样多的保护价值的可能性。特别是分析了补偿效果的不确定性、不同补偿区域的补偿成功率与时间折现的相关性等因素对生态补偿比的影响。这是较早用数学计量的方法测算补偿面积。Robert Costanza 的研究以1997—2011 年文献的相关数据为依据，结合单位生态系统服务价值和土地利用变化进行估量，最终给出更新后的估算结果。根据估算结果来估算生态系统服务研究的全球国民收入和福利账户、具体政策分析、生态系统服务付款、城市和区域土地利用规划等。作者认为货币单位的估计有助于显示生态系统的相对规模，生态系统服务不同于商业化或私有化，生态系统服务最好被视为新的公共产品，并且需要创建新的机构来更好地考虑生态服务价值评估。管新建的研究采用生态补偿的方法，对流域生态系统与经济系统之间，以及流域上下游地区之间的自然、社会、经济相互作用进行分析，讨论了污染物总量分配的关键主题因素和特征指标，利用资金投入与污染物排放量之间的关系，计算污染物的单位价值，并基于污染物的总量控制建立了可以定量衡量流域水环境生态补偿标准的模型。

通过对 WOS 研究趋势及特征进行分析，本研究发现，国外对生态环境补偿和损害赔偿的理论、政策和实践，生态补偿标准，补偿领域路径措施，补偿领域等方面进行了丰富的研究。

在湿地保护的生态补偿研究方面，Johst K. 等以白鹳保护为例，基于跨学科的方法提出一个用于合理计算、公平分配补偿额度的生态经济模型程序[49]。Palmer Hough 等从美国环境保护局和美国陆军工兵队之间的分歧入手，阐述了湿地保护的重要性，研究发现政策缺乏适当调整意味着失去了实施有效湿地保护的机会[50]。Bendor T. 将湿地损失和补偿分析作为动态过程，包括各种缓解技术中普遍存在的时滞问题，利用缓解过程的系统动态模型探索 1993 年至 2004 年间在伊利诺伊州芝加哥地区收集的湿地改建和缓解数据，表明启动和完成恢复活动的延迟意味着频繁的临时湿地损失，很容易造成持续和相当大的净功能损失，提出了减少净暂时损失和湿地恢复滞后成本的方法[51]。熊凯等采用条件价值评价法（CVM）和定向物流模型，研究农民接受意愿及其影响因素，以及对鄱阳湖湿地生态补偿的影响因素，影响农民受偿意愿的因素包括家庭教育年、家庭成员数量、收入来源、居住地、湿地资源改善、耕地面积和承包水域[52]。Robertson M. 等利用实现的补偿比例、银行信贷销售与绩效标准之间的失效、影响与银行站点之间的距离，以及银行市场区域的变化来考查分析，同时分析了美国陆军工程兵团芝加哥区所有此类交易的人口普查数据，银行可以出售湿地信贷的市场领域波动很大，将这些数据与其他补偿机制的类似数据进行比较，有助于评估银行作为保护政策的要素之一，尽管它是最成熟的类似市场，在实施几项主要环境保护法律方面对联邦政策起了重要作用[53]，但描述创业湿地银行在实际监管环境中表现的数据很少。

在生态环境损害赔偿研究方面，Villarroya A. 等探讨了如何在 2006 年和 2007 年期间公布的西班牙环境影响评估条例的 1302 项决定记录中处理赔偿问题，以了解西班牙离通过环境影响评估实践的这一特定方面管理的环境资源基础[54]。基于此，Ana Villarroya 等提出了进一步的补偿实践，针对具体的项目和背景提出补偿建议或规则，重点关注西班牙环境影响评价（EIA）中的道路项目。道路的三个主要残余影响（自然和半自然土地利用的损失、任何新道路造成的排放增加以及对景观及其野生动物的破碎、分割或屏障效应）通常未得到补偿。针对这些问题，作者提出了四个建议（也称“规则”）：自然和半自然土地利用面积的保护、优势植物种地貌的保护、排放补偿和正碎片整理规则[55]。伍伫等针对水污染补偿，通过水质评价确定了河流中的关键污染物，在净化关键污染物的基础上，建立了水质稀释模型，确定了污染物浓度达到水质断面标准时的稀释水量，因不同区域的污染物排放情况不同，其补偿标准也不同，综合考虑水污染造成的经济、社会和生态损失，为准确量化水污染生态补偿标准提供了能值方法[56]。

在生物多样性保护补偿研究方面，Evan J. Pickett 等以受威胁的绿金钟蛙种群为例，发现开发与栖息地抵消和大量池塘建设同时进行，使可用池塘面积增加了 19 倍，为了不造成栖息地的净损失，补偿计划可能需要大量的栖息地建造，并进行密集监测。科学文献中的生态补偿主要用于审查一般标准，包含如何实施补偿的一般指导，并为补偿实践的未来发展提供了基础[57]。饶欢等指出经济的快速增长导致中国沿海地区生态恶化，厦门的实验案例为制定 MEDC 标准提供了大致思路，发现在现行管理制度下，许多海洋用途对生态系统造成的损害没有得到充分补偿[58]。关新建等利用信息熵方法构建了一个包含一系列反映人口、经济结构、生产水平、污染控制、水环境等因素的区域异质性指标的污染物总量分配模型，利用资金投入与污染物排放量之间的关系，计算污染物的单位价值，并基于污染物的总量控制建立了一个可以定量衡量流域水环境生态补偿情况的模型，采用生态补偿的方法，对流域生态系统与经济系统之间，以及流域上下游地区之间的自然、社会、经济相互作用进行研究，为建立长期有效的流域生态保护机制和完善流域生态补偿体系提供了一条有效途径[59]。

在生态系统服务价值研究方面，盛文萍以生态系统服务价值和区位多样性指标为基础，提出北京市山地生态林生态补偿标准，建议的生态补偿标准也考虑了森林生态系统的地理位置，这些标准也有可能用于根据山区生态林的不同保护结果制定有区别的补偿标准，这项研究将有助于政策制定者和决策者设计高成功率的生态补偿倡议，并有助于北京森林资源的保护和可持续发展[60]。

在补偿机制综合分析研究方面，商文秀等将生态补偿与PES（生态服务支付）相结合，认为政府在中国生态补偿中起着主导作用，但补偿机制定义模糊，为了更好地了解中国的生态补偿，作者比较了国内外补偿机制的理论和实践，发现相较于发达国家成熟的补偿机制，我国在产权划分、责任履行、效率保证、有效分配、持续发展和平等公正等方面亟待完善。由于收入差距和受益人的支付意愿较低，现阶段政府参与很有必要。同时，作者对非市场估值方式的选择、产权的归属和市场机制的建立提出了建议[61]。

第三节　矿产资源开发生态补偿研究

自20世纪中叶以来，西方一些发达国家持续不断地开展了有关矿产资源开发生态补偿的研究，不仅在理论上取得了一定的成就，在实践探索过程中也取得了一些成功经验。这些成功经验从理论、研究方法、研究机制等各个方面为我国开展有关生态补偿的研究提供了参考和依据。Auty 在分析矿产地区的经济发展问题时，提出资源在地区的产业结构中的占比越高，越会导致地区经济发育程度低。Sachs 和 Warner 进一步深化了该研究，通过创新研究发现城市具有的资源越丰富，反而越不会考虑补偿开采带来的生态破坏，进一步限制了经济的发展，导致资源优势成为发展劣势，证明生态补偿对环境保护和经济发展都是有利的。在资源开采的过程中，生态环境问题同样受到学者的广泛关注。例如，Singh 以澳大利亚为研究对象探讨资源过度开采带来的生态环境破坏。Gavin 从利益共同体的角度研究指出，矿区环境共同体还应包括周边居民，环境治理过程中各主体需共同参与。Richard 则从解决问题角度开展研究，提出应从方案设计、开采技术以及相关主体责任等多方面完善补偿制度。国外研究全面考虑了矿产资源开发和生态环境保护等方面，同时充分结合各种生态补偿影响因素。在生态补偿实践方面，20 世纪 80 年代澳大利亚政府摒弃了粗放型管理矿山的模式，开展了一系列综合性管理手段，保护环境和促进资源开发，相继出台了一系列关于生态保护的法律法规，如 1986 年颁布的环境保护法。这些法律法规的颁布实施为矿产资源的开发提供了基本保障。保证金制度和复垦计划是资源保障措施最主要的构成部分。20 世纪初，美国出台《矿山租赁法》，实施生态恢复治理，消除矿产资源开发带来的环境生态影响。70 年代末，《露天采矿管理与环境修复法》颁布，提出设立土地复垦基金、保证金及矿区复垦许可证，成为美国生态补偿、矿区修复及环境治理的三大法宝，矿区生态补偿制度进一步完善。《城乡规划法》在 20 世纪 40 年代诞生于英国，明确规定荒芜土地必须由相关责任主体采取措施恢复。随之而来的《矿山采矿法》《矿物开采法》的颁布实施，让英国的矿山开采导致的土地废弃复垦有了明确的标准和制度措施。之后出台的《环境保护法》将污染定义为犯罪也是一大突破。德国在享受矿业经济带来的经济繁荣的同时，建立了针对矿资源开发的一系列制度体系，对资源开采过程中的环境问题及污染治理给予严厉的管控和约束。

因此，从国外生态补偿制度建设方面可以发现，西方发达国家生态补偿实践非常重视法律体系的建设，为矿产资源开发环境损害补偿提供了重要的法律基础，促进了生态补偿在国外的顺利实施。总之，西方发达国家在探索生态补偿的道路上走得早，治理环境的探索也比较早，积累了丰富的研究经验和应用经验，我国的矿产资源开发生态补偿研究探索也可以广泛深入地借鉴国外成果。

我国学者在矿产资源开发生态补偿研究方面也积累了丰富的经验。王文长针对资源开发过程中国家如何建立有效的补偿机制，提出资源定价及资源的有偿使用制度，具体来说就是在资源使用和输出的过程中，充分考虑其使用成本和机会成本，设置资源补偿基金并以税收手段调节相关非税征收比例，合理考虑中央和地方财政分成等[62]。黄锡生认为，项目扶持、财政补贴及税收方面的优惠政策，可以对因为资源开发过程造成的环境损失、资源损失和发展机会损失进行一定的补偿[63]。张举钢研究提出，资源开采企业在生成过程中造成的"三废"污染及其对周围环境影响需要及时划分边界，明确约束对象，支持污染者付费、环境产权共有边界，便于责任划分和费用承担[64]。胡晓登和权小虎研究指出，资源开发势必对环境造成影响，这种影响往往表现为负外部性。环境影响也是无法改变的，会导致当地居民收益与成本的不均衡，社会经济发展最终和资源开发形成激烈冲突，引发民族矛盾[65]。洪富艳和丁晨认为，建立包括所有利益相关者的共同治理机制是完善我国生态功能区的重要举措[66]。巩芳、胡艺认为，社会可持续发展需要生态补偿各个主体之间协同配合，推动资源开发与社会的协调发展，达到利益均衡，在区域经济社会发展可持续方面体现生态保护的重要性[67]。国内外生态补偿研究中，资源开发研究占比较大，尤其是针对林业资源、矿产资源、水资源、生物资源的多样性等形成了丰富的研究成果和应用实践。在补偿主体方面又体现为政府补偿、企业补偿和个体补偿，在补偿行为及补偿目的方面，有宏观的政府调控，也有微观的市场调节；具体实施的方法措施聚焦行政手段、市场经济调控和技术实施，通过不同的手段实现生态环境保护、环境损害影响降低、资源配置得到优化，激发社会各个层面生态保护的积极性。因此，生态环境的破坏是矿产资源开发活动的必然结果，为了保证生态平衡和环境的影响程度最小，必须给予适当的环境恢复和治理。因此，国内学者在理论研究方面，注重研究框架设计和理论分析，具有较多的综述性研究成果；应用研究方面以宏观研究为主，微观领域应用层面的研究不足，多聚焦矿山恢复治理的技术方法，系统性和全面性不足，尤其在补偿标准等细分领域、应用操作层面缺乏有针对性的研究成果[68-74]。

第四节　区域战略性矿产资源开发生态补偿研究

通过文献的收集整理，本研究发现，国内外针对我国西部地区矿产资源开发生态补偿问题的研究鲜有涉及，知网的搜索结果仅有 14 篇中文文献。西部地区的矿产资源开发涉及的生态补偿问题有其特殊性和现实性，西部地区构建矿产资源生态补偿制度具有特殊意义，其生态补偿实践探索至少需要凸显资源补偿、环境补偿、生存补偿和文化补偿等四个方面的价值维度[75]。现有的学者研究主要集中在西部地区矿产资源开发的生态补偿法律保障、法律问题破解及法律机制建设等方面[76-78]。对文献进一步分析发现，丰富的矿产资源开发是西部地区少有的特色，但这是建立在科学合理的开采基础之上的，过度开采以及补偿机制的缺乏会导致这一资源优势丧失，甚至还会破坏生态环境、人文环境[79]。由此可知，生态补偿机制的建立、完善问题亟须解决，是资源丰富地区持续发展的必要条件；同时，鉴于西部地区的特殊人文、风俗及信仰环境，在生态补偿机制建设方面应当将人文补偿等考虑到生态补偿系统建设中去，这在西部地区矿产资源的开发中应当引起足够的重视。国外的治理经验表明，生态补偿和人文补偿是现有制度中所缺乏的，是当下生态补偿机制不可或缺的一部分[80-83]。综合以上分析可以发现，现有关于西部地区生态补偿的研究十分缺乏，并且缺乏深入聚焦探讨西部地区资源开发特点、民族地域特点等的研究，有针对性的补偿制度制定、机制模式构成、补偿标准确定等还有待学者进一步研究。

第五节　文献述评

回顾现有的与本研究相关的文献，可以得到如下结论和启示：

（1）我国生态补偿研究以 2004 年为起始节点，2004 年可视为我国生态补偿研究的元年。近年来，我国参与生态补偿研究的学者和研究成果数量稳定上升，从国内外研究发挥的影响作用及研究机构的表现来看，生态补偿研究对于我国来说仍然是一个十分年轻，同时十分前沿的领域。

（2）现有的生态补偿研究已经从宏观政策领域转向微观操作层面，尤其在"十四五"时期开展市场化、多元化生态保护补偿机制建设的背景下，我国生态补偿制度设计将更加聚焦现实问题，学者应提升应用研究，为破解经济社会发展和环境保护突出矛盾作出重要的制度贡献。该领域的特殊性和现实意义已经凸显，有必要进行深入探讨，更加注重定性研究向定量研究转变。

（3）从整体上看，目前关于生态补偿的研究成果较多，但研究范围较窄，主要围绕单一或特定组合系统，而针对战略性矿产资源的研究则比较匮乏；目前在补偿标准设定方面并没有形成统一认识，要么补偿标准太低不能满足实际需要，补偿方式缺乏实践性，要么补偿标准过高，导致补偿主体负担过重，不利于调动矿产资源开发地区政府、企业等相关责任主体实施生态补偿的积极性。生态补偿绩效评价、生态补偿政策制定等缺乏针对西部地区这类特殊环境的民族文化补偿、民族和谐稳定等因素的考量。针对生态补偿研究的核心问题，生态补偿标准设定对矿产资源生态服务价值估计不够、生态损害估计不足、补偿标准设定不清、补偿主体界定不明等问题，有必要进行专项深入研究。

（4）目前生态补偿研究多集中在政策制度和法律法规层面，以定性研究为主，定量分析不足，缺乏研究深度和广度。

综上所述，"生态补偿""矿产资源开发生态补偿""民族地区战略性矿产资源开发生态补偿"，研究逻辑层层递进关联，研究成果的数量依次递减，研究的急迫性和重要性顺次递增。基于此，本书致力于我国西部地区战略性矿产资源开发生态补偿研究，通过梳理生态补偿的政策制度、评价生态补偿政策实施效果、挖掘生态补偿政策关键主题因素、构建生态补偿效益综合评价指标体系并开展面向西部地区战略性矿产资源开发的生态补偿评价，运用市场化手段从财税调节角度构建生态补偿标准，从而为解决生态补偿这一核心问题提供支持，为我国西部地区战略性矿产资源开发生态补偿宏观政策研究、模式探索、机制设计及标准构建等提供理论基础和实践应用依据。

第二章 战略性矿产资源开发生态补偿的概念界定与理论基础

第一节 战略性矿产资源开发生态补偿的基本概念

一、西部地区

1999 年以来，中央高瞻远瞩实施西部大开发战略。在党中央和社会各界的关心、支持及帮助下，西部地区发生了翻天覆地的变化，经济实力显著增强，维护了边疆及经济落后地区的社会稳定，经济增长速度在全国显著，成绩突出。2020 年，中共中央、国务院印发《关于新时代推进西部大开发形成新格局的指导意见》，新一轮的西部大开发将西部各省（区、市）推上了令人瞩目的发展舞台，成为国家高质量发展的热点区域。西部地区依然面临巩固脱贫攻坚的重要使命，在维护民族团结、保持社会稳定和保障国家安全方面继续勇担重任，亟待形成西部大开发新格局，为西部地区高质量发展打好政策基础。因此，西部地区的经济社会发展关乎国家长治久安、社会和谐稳定和人民群众福祉期望。

我国西部地区地域辽阔，涉及 5 个自治区，以及贵州、云南和青海 3 个多民族省份的全部民族八省区，四川省、甘肃省和重庆市、陕西省也是西部地区的重要组成部分。为尽量覆盖国家西部大开发战略实施范围，有力地响应和支持国家西部大开发战略实施，该研究对象包含国家定义的西部地区全部 12 个省、自治区、直辖市。西部地区是集"少、边、穷、弱、富"于一体的广大西部地区，其中"富"的含义是丰富的自然资源，因此被誉为"中国 21 世纪的希望"。选取的研究对象及范围能最大限度反映西部地区在资源开发和生态补偿方面的实践和成效。

二、战略性矿产资源

战略性矿产资源是关系国家安全、高新技术发展和国民经济建设的关键矿产，是本国产量相对较低、大量依赖国外供应的矿产资源，或者本国资源丰富、国际需求储备大，国外已掌握相关功能产品核心技术的矿产。为满足战略性新兴产业发展，防范化解经济和国防安全风险，2016 年末，国务院在批复的《全国矿产资源规划（2016—2020 年）》中正式将石油、天然气等矿产列入战略性矿产目录，共计 24 种矿产。战略性矿产资源将主导先进制造业及可再生能源引领的设备、产品的发展，同时在国防、科研等领域发挥重要功能，促进新兴技术的繁荣。为了实现 2035 年远景目标，国民经济和社会发展第十四个五年规划特别强调了战略性矿产资源安全。目前，我国战略性新兴产业的发展，如新一代信息技术、高端装备制造等，使国内战略性矿产面临长期较高的需求，而且一些用量较小的战略性矿产（如稀土、钴、锂）的需求预期会继续增加。目前，约 1/3 的战略性矿产能够实现供应自足，石油、铬铁矿等进口占比超过 70%。在我国的工业化发展阶段，矿产资源是关键，总量储备不足、全球市场控制力不足、中美贸易摩擦、国际争端导致资源紧俏等考验着战略性矿产资源保障。

三、生态补偿

长期以来，人们对资源始终抱有一种环境为我们提供无限资源的态度。众所周知，自然资源分为两种：一种是可再生资源，另一种是非可再生资源。从这个层面理解，资源不是无限的，资源的利用和开发一定是有尽头的，尤其是战略性矿产资源，受其稀缺性和生态功能保护区的划分对其限制性开发等约束，我们必须正视资源开发利用过程的生态补偿。因此，生态补偿就是对生态系统为我们提供资源的一种代价的回馈，目前主要采取转移支付的方式（以纵向的政府补偿为主），是对生态环境价值的认可、评估和补充。生态系统可以为人类提供综合生态系统服务，除了为人类提供直接的产品以外，气候调节、文化功能及其他支持功能也十分显著。因此，目前较为有效的手段就是进行经济行为调节，实现资源供给区域政府及当地人民群众从资源开发过程中得到合理的补偿，包括经济补偿、文化补偿和生态补偿。对于生态环境价值的确定，为生态补偿提供了重要的理论基础和实施依据。

从目前我国的实际情况来看，虽然在环保税、资源税等方面形成了一套比较完善的法律法规体系，但亟须建立基于市场化、多元化的生态补偿机制回馈生态系统的价值功能，因此，本研究尝试采用财税手段进行调节。

第二节　战略性矿产资源开发生态补偿的理论基础

从不同的角度来看，生态补偿属于不同的问题范畴，既可以是经济问题，也可以是政策问题，但究其本质是经济问题，解决经济问题需要以政策为指导。生态补偿的理论基础源于古典经济学家威廉·配第，他强调自然条件将限制劳动创造财富的能力。基于此，詹姆斯·穆勒认为生态环境与其他资源和生产要素一样具有稀缺性特征。本研究通过查阅国内外学者的研究内容，梳理关于生态补偿研究方面依据的理论基础发现，国外学者主要关注利用信息缺口理论开展生态环境风险管理；通过时滞性理论研究限制生态恢复能力的主要因素；运用自然资本理论阐述并解释了支撑经济社会的可持续发展，前提是需要保证自然资本的持续供给；通过生态系统服务理论研究人们根据功能生态系统收获利益；借助外部性理论和公共产品理论，确定生态产品及其价值的非排他性，多个用户可以同时从使用中受益。受可持续发展战略的影响，国外众多研究者从不同视角出发研究生态环境补偿的理论依据，包括价值理论、不完全契约理论、公共物品理论、生态文明建设理论、实物期权理论、帕累托改进理论、耗竭性理论、公共产品理论、外部性理论、"庇古税"理论、生态价值理论、市场失灵理论等。本书根据实际情况和研究需求，探讨的生态补偿理论主要有以下几种。

一、外部性理论

古典经济学和新制度经济学都将外部性作为重点研究对象。外部性（externality）理论为制定生态环境政策提供了重要理论基础，是环境经济学领域的重要基础理论[115]。外部性，又称外部影响，是指某一个体作出的行为或者决策会造成其他个体的损失或带来收益的情况。外部性现象最早是英国人亨利·西奇威克发现的，源于灯塔问题研究，却没有明确给出外部性的概念，直到马歇尔 1890 年出版《经济学原理》才得以明确。随着研究的继续，"外部经济及不经济"概念在原来的基础上进一步发展，学者布坎南、斯塔布尔宾、贝特对其作出重要的理论贡献。对于外部性的理解，归纳起来即受经济活动影响而产生的、作用在市场机制外部的一种影响效应。假设利益相关的各方受到超出市场本身之外的影响，即可以认为是某种市场行为（生产或消费）对其他市场行为（生产或消费）产生了间接影响，而这种影响是不反映在市场行为之中的，该影响行为没有获得补偿或付出代价，结果导致帕累托最优在生态环境领域无法实现。因此，通过生态补偿可以解决生态环境保护领域的制度障碍，促使一些环境经济学家从外部性的角度研究生态补偿。经济活动会带来生态环境的恶化，由此产生了环境保护的成本，但保护环境会带来正向效益，这都体现为外部性。

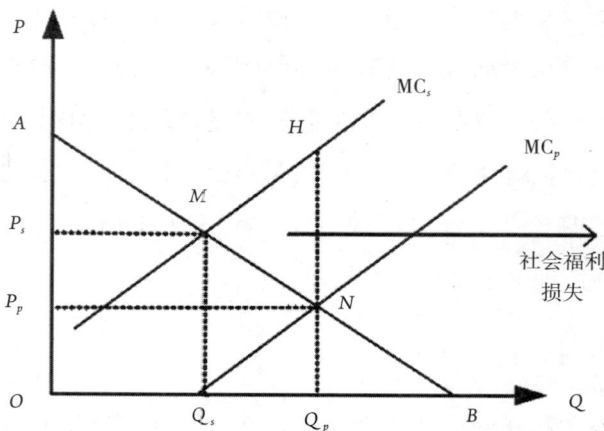

图 2-1　外部不经济与福利损失示例图 [①]

从图 2-1 中可以看出，MC_p 代表私人边际成本，MC_s 代表社会边际成本，从外部性视角考虑，MC_s 等于 MC_p 与环境破坏成本的和；产品需求曲线为 AB，图为产量与价格的反向变动关系。如果生态环境破坏所带来的外部性损失完全由企业承担，则 M 点是需求曲线和供给曲线的均衡点，因此 Q_s 是企业的最优产量，P_s 是该产量下的产品定价。如果外部性损失不由企业承担，则图中 N 点是需求曲线和供给曲线的均衡点，Q_p 成为企业的最优产量，由此确定 P_p 为产品价格。从 M 点移动到 N 点，虽然产量上升，价格下降，但是社会福利却因为这样的变化而受到损失。因此，财富的生产者或者消费者承担由此产生的外部费用，实现外部性问题的内部解决，进而解决社会中的外部性问题。从理论上来说，实现外部性内部化，概括起来有四种方法：一是通过庇古税的征收，对外部性行为的产生主体征税，外部性成本是征收的依据；二是通过财政补贴实现社会福利增加，平衡社会效益和私人效益的差额，补贴正外部性生产者；三是通过公共管制调节负外部行为，该方式的前提是满足信息完全市场化公开，寻找实际的负外部性并测算，通过行政手段影响市场主体

---

① （美）曼昆. 经济学原理（微观经济学分册）：第 4 版 [M]. 梁小民，译. 北京：北京大学出版社，2006.

的经济行为，如征税、罚款；四是通过市场机制调节解决外部不经济问题，主要通过自愿协商的方式，合理解决个人成本和收益的不均衡问题，实现收益与投入成本对等。

本书关于生态补偿问题的研究认为，出现生态环境问题的根本原因就是外部性的存在。第一，正外部性的生态环境得不到应有的补偿，造成生态资源充足的国家或者地方仍然过着较为贫穷的生活，从而造成人们不断破坏生态环境。第二，传统生产观念只强调利益、人类中心主义和技术缺陷等问题，造成生态环境恶化，同时，生态资源缺乏和人类破坏也加速了生态环境的恶化。从生态环境外部性的区位贡献上来理解，有三个层面的意思，分别是区域生态位置贡献、生态富源地的生态辐射效应和生态脆弱地的生态改善效应。区域生态位置贡献即任何一个生态资源区位均是一个国家、自然和地理位置上极为重要的区域，是与生态系统相辅相成的一部分。生态资源较为充足的地方会对其他地区产生辐射效应，可以起到保护生物多样性、保护生态平衡的作用，降低其他地区的环境破坏程度，生态富源地既可以发挥自身的生态效应，还可以把效应辐射给周围区位。生态资源较为匮乏且脆弱的地方，会对周围地区扩散和传播生态恶化的影响，此时，如果新增一些地区外的力量就可以有效避免不良影响的扩散。生态资源补偿可以有效矫正外部性：其一，向具有外部经济的提供者提供一定的补贴，一方面为供给者带来更大的收益，另一方面体现劳动价值论等价原则、劳动者与非劳动者之间公平性原则、消费者与生产者之间价值对等原则，因此，提供补贴可以顺利推动生态资源的再生产。其二，对生态破坏者采用罚款、征税等手段，提高其破坏生态的成本或代价。通过激励或者惩罚措施，向生态资源供给者提供一定的补偿，实现生态资源效应的平衡，同时可以补偿在生态环境保护上的各种投入，以实现资源的可持续发展。具体到区位上，生态补偿对于拥有优势的区位，不仅体现该地区的人们为保持并维护良好生态环境所作出的努力，还可以提高生态破坏的成本，实现现有生态资源的可再生和永续利用。生态补偿作为提升区位生态恢复能力的一种资本投入，有助于生态较为脆弱区位构建良好的生态环境[84]。

二、生态系统服务功能价值理论

早在 20 世纪 70 年代，有学者就开展了生态系统服务的研究，但受限于有关价值评估理论和方法以及生态系统的内在复杂性，此类研究进展比较缓慢。首次提出生态系统服务功能概念是《关键环境问题研究》（SCEP）的人类对全球环境影响的报告，Holder 和 Ehrlich、Westman 又相继研究了生态系统的全球环境服务功能、自然服务功能，他们指出如果破坏生物多样性，生态系统服务功能也会受到很大程度的破坏[85]。后来，Daily 对生态系统服务功能进行了详细介绍，主要涉及其价值评估、研究历史、服务功能、功能概念等专题[115]。Costanza 等则将全球生态系统服务功能划分成 17 种类型，对 10 种生物群的估算采用货币等形式[86]。生态系统服务功能是人类赖以生存和发展的基本条件，维持着自然的效用，从理论上分为非利用价值和利用价值两个方面。遗产价值和存在价值表示非利用价值则，直接利用价值、潜在利用价值是利用价值则[87]。价值之间有重叠部分，且难以量化，利用价值的估算是现有评估采用的主要方式。其中，直接价值是通过生态系统提供产品的市场价格来估算的，间接价值是通过替代市场法估算的，选择价值是通过假想市场法来测算的。

矿产资源开发区域的生态系统是社会经济系统与自然生态系统的耦合[88]。人类社会不断加大矿产资源的开发，导致矿区的生态环境越来越恶劣，面对这样的现象，需要加强评价和管理矿区生态环境动态演进的过程。因此，在矿区生态环境逐渐恶劣的情况下研究矿区生态系统服务价值的变化，对于发挥矿区的生态环境效应具有极为重要的意义[89]。

三、公共物品理论

自 20 世纪初开始，公共物品理论就是经济学界广泛关注的议题。到了 21 世纪，关于公共物品理论的研究更是丰富多样[90]。在长期的发展中与公共物品理论相关的研究指向了不同细分领域，如公共物品供给、公共物品分类、公共物品内涵、公共物品的资源配置、资源配置效率等。在公共物品概念方面，如何科学地定义公共物品对于构建公共经济理论体系具有十分重要的意义。只有厘清公共物品的概念，才能明确政府的职能及其主要工作区域，以及在公共物品提供过程中的责任，进而建立与之相适应的公共物品供给制度，促进公共物品理论的发展。实践离不开理论的指导，公共物品理论对实践的指导作用主要体现在经济增长、社会福利水平提升方面。人们的利益、权利和福祉，与公共物品的有效供给息息相关，而且有效的供给会对经济的可持续发展产生重要影响。

萨缪尔森在《公共支出的纯理论》中首次提出公共物品的概念，并且将公共物品的内涵界定为"某个人对某种产品的消费不会减少其他人对该产品的消费"[91]。基于公共物品的概念，陈振明从三个方面进一步划分公共物品：一是划分为纯公共物品和准公共物品，二是划分为有形公共物品和无形公共物品，三是划分为全国性公共物品和地方性公共物品[92]。在此基础上，马斯格雷夫进一步明晰了公共物品的非竞争性（non-rivalrousness）和非排他性（non-excludabilily）两个特征。

排他性则是通过价格途径实现物品使用的可能性，竞争性是使用价格手段来配置物品使用的合理性。竞争性和排他性是自然生态系统及生态环境产品的充分体现。因此，很多不合理的"搭便车"现象就是因为生态环境产品使用没有付出应有的成本，是开放获取资源的不利影响导致的结果。哈丁在其文章《公地悲剧》（*The Tragedy of the Commons*）中首次提出"公共资源的悲剧"理论模型，以寓言的方式阐述了"公地悲剧"现象，他认为真正的公地悲剧是因为人们根据自己的想法来处置公共资源。与明确产权制度的私有化对策不同的是，哈丁提出的对策实际上是采取相互强制、政府强制政策[93]。但是，许多实践证明，无论是通过中央政府的强制管制还是通过明确产权的方法将资源私有化，都不能很好地实现自然资源的持续性、建设性使用。政府参与公共物品配置是解决个人理性与集体理性矛盾的重要基础。

随着公共物品理论的不断发展，除消费的非竞争性和受益的非排他性外，效用的不可分割性也逐渐成为国内外研究公认的公共物品的客观属性。学界对公共物品的内涵定义，除了前述的主观性定义和客观性定义以外，还有根据物品外部性特征的公共物品定义。有理论认为，外部性这一概念在公共物品的定义中具有非常显著的影响。杜威指出，在相互依赖且存在众多消费者或众多生产者的社会背景下，如果消费或者生产某种经济物品所产生的经济影响多于一个人的利益时，这是，外部性就产生了公共影响。可见，物品的外部性包含其公共影响，而公共影响又决定其公共性[116]。

公共物品理论适用于解决环境问题，有学者指出，由于生态系统提供的绝大部分服务就是其提供了大部分的公共物品，这种特性是由生态系统自身决定的[94]。因此，为了公平起见，不同地区的人群均有平等享受生态系统提供的环境产品的权利。为了实现这个目标，需要将生态环境产品定价及供给作为公共物品理论解决的核心问题，通过税收和非自愿交易机制在生态补偿机制建设中的应用，使生态环境产品的公共物品属性得到充分体现。

四、资源耗竭理论

资源耗竭理论，又称代际均衡理论。从战略性矿产资源开发角度来看，资源耗竭理论的核心是后代人在开发或者寻找替代资源勘探的过程中需要付出的成本投入，通过当代人开采资源获得的收益进行弥补。但是，基于这样的考虑将面临两难抉择：一是资源不进行开采，保留矿产资源本身；二是通过开发矿产资源，将资源转变为货币形式。这一选择需要考虑地面资产和地下资产收益率的比值高低，即哈罗德·豪泰林准则（Harold Hotelling Rule）。根据哈罗德·豪泰林准则，矿产资源开发后在市场流通以货币形式卖出，那么矿产资源则可以按照市场利率增值；如果保持矿产资源留在地下，则价值的增长率等于利息率。因此，对于资源所有者来说，利息率和市场价格变化率是否吻合、资源配置如何更加高效是所有者关心的问题，资源的稀缺性不在考虑之中。

　　矿产资源耗竭理论反映的是当代人和后代人关于利益的分配问题，也是矿产资源补偿的核心问题。从"经济人"假设出发，资源配置的核心认为人们强调的是个人利益最大化。通过正值贴现率估算资源的时间价值，贴现率的大小与未来资源现值存在反比关系。如果贴现率过大，会使现代人无节制地开发资源，忽视长远利益，导致生态环境的恶化、资源枯竭，最终对后代人的发展造成不好的影响。可持续发展既考虑当代人的利益，又考虑后代人的利益。基于可持续发展，经济学家提出了"最低安全标准"和"代际公平"两个概念。"最低安全标准"由西里阿希·旺特卢普在《资源保护：经济学与政策》一书中提出。经过研究，"最低安全标准"被赫尔曼·戴利细化成三条：第一，可再生资源的更新速度必须超过不可再生资源使用速度；第二，替代品及可持续利用等可再生的资源开发必须超过非可再生资源的使用速度；第三，环境吸纳污染物的能力必须高于污染物排放造成的环境影响。这就是后代人在资源使用方面的最低安全标准，是当代人必须给予后代人的资源保证。如果一项决策关系到当代人、后代人的利益，为了做到代际公平，就需要遵循代际多数原则，即由若干代人之中的多数来作出选择。可是现实存在的一个问题是后代人无法干预当代人的选择。因此，保持资源的完整性是唯一体现代际公平的核心要义。

　　综上所述，从矿产资源开发生态补偿角度分析，补偿的征收标准主要源于矿产资源的质量、数量和市场需求，其实施的目的是具有可持续利用的资源，可以满足资源枯竭性补偿的条件，并且致力于代际公平，完善矿产资源开发生态补偿机制，通过征收相关用于生态补偿的费用和加强行政管理，促进体制和政策改进，最终完善生态补偿机制。

五、可持续发展理论

可持续发展作为一个重要的理论，最早在国际自然及自然资源保护联盟（IUCN）上被提出。IUCN 在 1980 年发布的《世界保护策略》中提出，实现可持续发展的总体目标主要是保护生物资源。该策略的不足是未将社会经济问题与可持续有机结合，而是把重心放在生态环境的可持续性问题上。联合国正式提出了可持续发展理论，并于 1983 年成立世界环境与发展委员会（WCED），该委员会成立的目的是解决日益严峻的社会经济问题和生态环境问题。WCED 于 1987 年发布《我们共同的未来》，将可持续发展定义为不以牺牲后代人的利益为前提，满足当代人的利益需求 [117]。国际上广泛认可并引用 WCED 从代际公平角度提出的可持续发展的定义，但并不代表全世界的各个国家都认同其对可持续发展的定义。WECD 也从代内公平、社会、经济和环境协调发展等角度阐述了可持续发展的定义。可持续发展是综合考虑经济、社会、环境问题的包容性发展理念，该理念提倡人类中心主义观，吸纳生态中心主义观，强调不能以破坏环境为代价，一味地追求经济的快速发展，只有同时兼顾生态环境保护和经济快速发展，才能永远保持经济发展的活力和可持续性。

绿色和低碳是经济高质量发展的标准之一，经济发展需要考虑污染、乱排放、耗能等环境成本。遵循可持续发展理念，包容性发展理念采纳改良的生态主义观，提倡人类社会在发展经济的同时要考虑环境的可承受能力，不能忽略环境资源的可承受能力，无节制地开采资源；提倡在社会和经济发展的同时，充分考虑生态环境对人类的重要性，通过加大对环境的投入力度保持环境的可持续发展。

图 2-2 是"生态—经济—社会（文化）"组成的三维复合系统，可持

续发展经济学的主要研究内容就是研究系统的结构、运行状态和功能等，揭示了可持续发展经济现象中存在的普遍性和必然性，探索人类需要通过何种方式发展，最终才能实现经济可持续发展的目标。

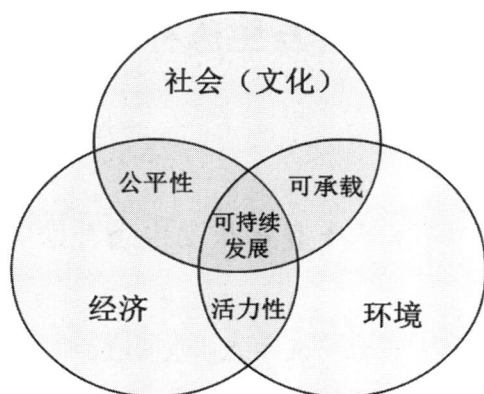

图 2-2　"生态—经济—社会（文化）"三维复合系统

第三节　本章小结

本章对研究涉及的重要概念进行梳理，尤其是按研究对象和范围进行合理性说明，重点对战略性矿产资源与生态补偿研究进行了概念界定。同时，较为全面地归纳总结了生态补偿研究的理论基础，结合研究需要对相关重点理论进行深入阐释，为开展西部地区战略性矿产资源开发生态补偿的系统性研究提供理论依据和参考借鉴。

第三章　矿产资源开发生态补偿的实践探索研究

第一节　国际矿产资源开发生态补偿实践研究

一、澳大利亚矿产资源开发生态补偿做法

澳大利亚具有至少 70 种丰富的矿产资源，铝土矿储量占据全球的三分之一。矿产资源开发的生态管理问题一直是澳大利亚政府倍加关注的问题，矿产资源开发所导致的生态环境破坏，极大地影响了资源开发效率，进而使生态环境可持续发展和矿业经济发展受到限制。20 世纪 80 年代，澳大利亚开始转变矿产资源开发的粗放发展方式，积极保护环境，全面保持生态环境与资源开发的协调发展，制定并出台了一系列保护环境、治理生态环境以及恢复生态环境的政策法规，其中 80 年代的《环境保护法》和 90 年代的《矿产资源开发法》明确规定：开发过程中所破坏的土层和植被必须由开发者进行恢复治理，使其达到开发前的使用能力；矿产资源开发项目规划必须在取得探矿或采矿权之前提交，提交的内容涵盖了土地复垦和环境评价材料；土地用途、复垦进度、植被修复技术方法必须在矿产资源的开发计划书中明确体现；矿业开发和复垦是同步进行的；保证金也必须由矿产资源所有权人及恢复治理的环境企业一同申请缴纳，政府在管理过程中同样承担对矿山环境恢复治理的义务。以上法律法规提供了重要的原则要求和保障措施，是矿产资源开发生态环境保护的制度保障和主要举措。

二、美国矿产资源开发生态补偿做法

美国作为世界上重要矿产品的进口国家以及生产国家，具有丰富的矿产资源。美国制定并不断完善生态环境保护机制，政府也非常强调生态环境的保护、治理与修复。美国在 20 世纪初就对矿区进行综合治理，恢复植被及复垦土地，并出台了《矿山租赁法》，明确了矿山保护受法律约束。由于矿业开采快速发展，矿区环境受到巨大破坏，植被及土地损害现象严重，开发行为和环境破坏行为严重影响了周边居民的生产生活，社会越发关注矿区的生态环境保护，各种舆论及社会力量推动矿区生态环境保护，并对政府和矿区管理者施加压力。矿产资源丰富的一些州政府会同立法部门制定相关保护性法律制度，如《修复法》率先在西弗吉尼亚州颁布，成为第一部美国采矿法，该法令的颁布为矿区生态环境保护奠定了重要的法治基础。该法深刻影响了当地采矿业的发展，在生态恢复和环境保护方面发挥了积极作用，对于矿区的植被恢复、水土治理、土地复垦及污染物控制发挥了显著效果，矿产资源开发的环境问题得到有效解决。这也影响了美国各州着手制定矿产资源开发和环境保护的法律法规，使矿区生态环境保护、修复和治理工作发生了深刻的变革。20 世纪 70 年代，美国颁布了第一部全国性的矿区生态环境保护、治理和修复的《露天采矿管理与环境修复法》，该法标志着美国露天采矿和土地复垦制度正式进入执法时代。《露天采矿管理与环境修复法》促使美国露天矿区管理与复垦标准统一，是美国生态补偿机制的重要部分，进一步明确了包括矿区复垦许可、土地复垦基金及保证金在内的完整的生态补偿制度。

美国土地复垦的重要法律依据除《露天采矿管理与环境修复法》外，还有各州政府及相关部门推出的一系列土地复垦地方性法规和部门法规，但这些地方性法规和部门法规的相关规定不能违背《露天采矿管理与环境修复法》。据了解，采矿土地复垦法规在美国覆盖了 2/3 的州，土地利用管理条例也覆盖了 1/3 的州，有 11 个与土地复垦相关的法规及管理制度被联邦政府推动建立，相关的技术章程和法规也被美国联邦政府及州政府先后制定实施。因为美国土地复垦的重要法律依据《露天采矿管理与环境修复法》在一定期限内其法律规定才有效，超期则失去法律约束，因此还需要到期前修订或进行延期声明；所以美国分别在 1990 年和 1992 年对《露天采矿管理与环境修复法》进行了修订完善。

美国联邦政府高度重视《复垦法》，并且在《复垦法》推出后专门设立了露天采矿与土地复垦执法办公室，将其作为全国矿山的管理部门，专门负责督促《复垦法》贯彻执行。该部门不仅在全美 23 个州设立了派出机构，而且相应的管理机构在各地市也有设立。在美国，复垦工作受到严厉的法律约束，如果没有按照法规实施复垦将面临高额的罚款。

三、英国矿产资源开发生态补偿做法

英国于 20 世纪 40 年代颁布了《城乡规划法》，规定相关责任主体必须主动恢复被废弃的土地，并受英国各级政府管控。土地复垦工作计划从 20 世纪 40 年代开始被相继制定执行，各级政府积极进行复垦监督实施。从 1951 开始实施《矿产开采法》起，相关责任主体就必须预留一部分资金用于矿山开发后的土地恢复治理，以及对破坏环境的恢复。因此大量来自政府的复垦基金、社会募捐、财政拨付的治理资金和企业自身预算的治理资金构成了该部分费用的主要来源，推动复垦工作顺利进行。1969 年英国颁布了《矿山采矿法》，进一步完善了 1951 年实施的《矿产开采法》，严格规定了采矿后的矿山恢复治理和复垦计划。1980 年英国政府实施"弃用地拨款方案"，为土地污染和废弃问题寻找更好的方案。英国政府在 1990 年颁布实施《环境保护法》，首次将污染行为定义为犯罪，并对土地复垦金制度进行明确，对生态环境破坏导致的影响人类健康的行为实施监督和惩罚。该法律进一步详细规定了土地复垦抵押。

四、德国矿产资源开发生态补偿做法

德国是欧洲重要的矿产生产国，拥有欧洲最大的矿产资源储量。过去一段时间，富裕的矿产资源以及矿产资源的开发和利用使德国的经济蒸蒸日上，资源型城市助力德国工业高速发展。但是，资源开采导致资源日益枯竭，生态环境严重恶化导致这些资源型城市转型困难，难以为继，因此，德国政府开展了一大批生态保护和经济推动计划，尤其针对矿区采取了一系列措施，包括生态恢复、环境治理、矿区的土地复垦等，并制定了一揽子环境保护的规章制度，制定了相关配套措施保障资源型城市环境保护工作的开展。

完善的环境保护法律法规体系在德国迅速构建起来，并且很快出台了针对土地、矿山、森林和水土保持的法律制度。法律制度体系的构建保障了生态环境的快速恢复和修复，并抑制了生态破坏行为继续发生、扩张。同时，德国完整地建立起矿区资料信息库，对德国矿区的分布状况进行深度统计分析。相关图文资料被妥善保管存档，通过技术手段对矿区资料进行分析后，形成了数字化矿区地图，从而快速高效地服务矿业资源的开发及保护，通过数字统计和实时监管手段，有效精准地掌握矿区的土地开发和利用情况。该数据库具有动态调整更新且开放的特点，为矿区生态环境治理和复垦工作带来了极大的便利，为矿产资源开发和生态环境保护提供了重要帮助。值得一提的是，德国建立了矿区危害管理系统，有效监管破坏严重的矿区，对开采行为引发的矿区自然灾害及环境破坏现象起到了有力监管。该系统对地质灾害的防范和治理起到了积极作用，同时可以有效评估危险区域及其自身状态，准确识别危害程度、危害类型及环境危险因素，对于危险等级的确定提供了重要的技术手段。

第二节　西部地区矿产资源开发生态补偿实践研究

一、西部地区自然资源概况

自然资源作为西部地区的宝贵财富，有力地推动了西部地区经济社会发展。我国西部地区资源禀赋优势突出，全国能源资源分布中，西部地区的石油占据 2/3，天然气开采量也高达 84%，煤炭近四成分布在西部地区。《中华人民共和国民族区域自治法》（以下简称《民族区治自治法》）第二十八条规定，民族自治地方的自治机关依照法律规定，管理和保护本地方的自然资源。民族自治地方的自治机关根据法律规定和国家的统一规划，对可以由本地方开发的自然资源，优先合理开发利用。这种"优先合理开发利用"是国家赋予西部地区的发展政策与积极权利。

在维护少数民族群体利益尤其是弱势群体利益方面，为促进民族自治地方可持续发展，"优先合理开发利用"本地方的自然资源发挥了重要作用，有助于解决西部地区资源和环境问题。《民族区域自治法》强调，民族自治地方的自治机关依据法律实现对资源的管理和保护；通过国家法律法规的统一约束，优先开发本地自然资源；在开采过程中的利益保护，必须考虑西部地区发展和少数民族群众的利益补偿，在贡献资源的同时保证本地区社会经济发展，实现地区发展平衡和均衡各方主体利益，为自治地方发展提供法律支撑。

二、西部地区矿产资源生态补偿模式

在我国矿产资源开发补偿模式方面，目前有以下几种划分方法：准市场化模式、政府基准的补偿模式和基于市场的补偿模式。通过对我国西部地区矿山开发的模式进行梳理，归纳为五种代表性模式：企业自行

出资、自行补偿的模式，企业出资、地方进行的生态补偿模式，国家出资、政府进行补偿组织的模式，企业和地方对开采行为共同承担补偿责任的模式，招商引资、政府实施补偿相结合的模式。这些模式是我国西部地区常见的补偿模式，由于资金来源和生态补偿的执行主体并不一致，所以我国的补偿还是以政府补偿为主。在现行的补偿实践中，这种模式占据了主导地位，政府的统筹及管辖的权利直接影响补偿行为及补偿效果。无论是西部地区还是其他地区，政府主导的"输血式"生态补偿模式通过转移支付实现，在矿山开发及其他领域都是主要的补偿模式。市场化的生态补偿以及以市场为主体的补偿模式研究逐渐成为热点，为今后西部地区矿产开发补偿模式带来更多的实践探索和经验总结。

三、基于环境保护的西部地区矿产资源开发示范项目

从我国矿产资源开发实施的系列示范项目来看，近年来，为治理矿产地质环境问题，我国启动了一系列示范项目，着力推动绿色矿业、矿山勘查项目，最终也收获了较大的成果，成功建立了一批矿产治理示范地，降低了矿产地质问题的产生速度。尤其是在西部地区建立了绿色矿山，有效地缓解了资源开发与社会经济的突出矛盾，为西部地区矿产资源开发生态补偿提供了有益的模式借鉴。根据 2019 年和 2020 年国家绿色矿山名录，我国共有绿色矿山 1253 个，西部地区绿色矿山共计 365 家，在全国绿色矿山占比不足 30%，西部地区绿色矿山建设有待加强。我国西部地区绿色矿山矿山分布情况如图 3-1 所示。

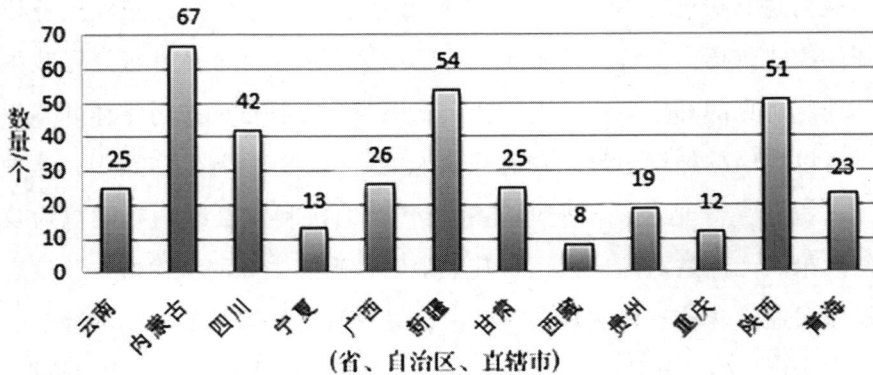

图 3-1　我国西部地区绿色矿山分布情况

　　2020 年《自然资源部关于公布绿色矿业发展示范区名单的公告》确定了我国 50 家绿色矿业发展示范区，其中 19 家落座于西部地区（表3-1）。绿色矿业发展示范区是为推动矿业绿色发展，促进矿业领域生态文明建设，由自然资源部确定的示范区，在西部地区建立绿色矿业发展示范，有助于保护西部地区自然生态环境，实现资源丰裕的西部地区资源可持续开发。

表 3-1　绿色矿业发展示范区

序号	名　称	所在地
1	内蒙古赤北绿色矿业发展示范区	内蒙古自治区赤峰市北部（巴林左旗、林西县、克什克腾旗）
2	广西龙胜绿色矿业发展示范区	广西壮族自治区桂林市龙胜县
3	广西南丹绿色矿业发展示范区	广西壮族自治区河池市南丹县
4	广西平果绿色矿业发展示范区	广西壮族自治区百色市平果市
5	重庆巴南绿色矿业发展示范区	重庆市巴南区（姜家片区）
6	四川马边绿色矿业发展示范区	四川省乐山市马边县
7	四川会理绿色矿业发展示范区	四川省凉山彝族自治州会理县
8	四川攀枝花绿色矿业发展示范区	四川省攀枝花市

序号	名　称	所在地
9	贵州开阳绿色矿业发展示范区	贵州省贵阳市开阳县
10	云南昆明绿色矿业发展示范区	云南省昆明市（晋宁区、西山区、安宁市）
11	云南个旧绿色矿业发展示范区	云南省红河哈尼族彝族自治州个旧市
12	陕西凤县绿色矿业发展示范区	陕西省宝鸡市凤县
13	甘肃金昌绿色矿业发展示范区	甘肃省金昌市
14	青海格尔木绿色矿业发展示范区	青海省海西蒙古族藏族自治州格尔木市
15	青海大柴旦绿色矿业发展示范区	青海省海西蒙古族藏族自治州大柴旦行政区
16	宁夏盐池绿色矿业发展示范区	宁夏回族自治区吴忠市盐池县
17	新疆富蕴绿色矿业发展示范区	新疆维吾尔自治区阿勒泰地区富蕴县
18	新疆哈巴河绿色矿业发展示范区	新疆维吾尔自治区阿勒泰地区哈巴河县
19	新疆伊州绿色矿业发展示范区	新疆维吾尔自治区哈密市伊州区

2018 年制定的《绿色勘查指南》（以下简称《指南》）是中国矿业联合会标准，其对绿色勘查的原则、要求、施工管理、生态保护和治理等内容进行了标准化规定。《指南》指出绿色勘查是在绿色发展理念的引领下，通过实施科学管理，运用先进勘查技术等手段，开展最小化影响和破坏生态环境的勘查方式。自然资源部于 2020 年通过了《关于开展第二批绿色勘查示范项目申报工作的函》，发布了绿色勘查的相关制度办法，规划部署了绿色勘查示范项目，积极推进绿色勘查的发展，不断引领矿业勘查绿色转型，进一步明确勘查涉及的理念、管理制度、工艺流程、环境治理等内容和要求，形成了一批值得推广的经验成果。

2019 年底，国家组织专家对四川、内蒙古、西藏、贵州、甘肃五个省（自治区）申报的第一批绿色勘查示范项目进行评审和筛选。评选产生的 18 个绿色勘查示范项目囊括了项目所处区域、地理条件、自然条件、资金来源、矿种及涉及具体的勘查阶段划分等指标信息，科技创新在先进技术、方法、设备、工艺使用和环境恢复治理或管理制度建设等方面亮点突出，既达到了地质目的，又最大限度地保护了生态环境，具有典型性和代表性，在全国发挥了示范引领作用。

我国矿山生态不断恢复，治理成效不断显现，矿区生态环境不断向好。我国矿山更趋于大中型开采规模，约占总矿山数的两成，持续提升了资源节约与综合利用水平，矿业产业更加集中，在矿山绿色发展方面示范效果显著，诸如绿色勘查、绿色矿业及矿山等示范项目层现迭出。我国从 2020 年开始，加大生态修复力度，推进矿山环境治理，重点整治区域或流域废弃矿山，并且通过国家拨付的专项治理资金开展了对西部地区、生态脆弱区域及重点生态功能保护区黄河流域、青藏高原矿山遗留问题的治理，实现了国家生态安全和生态功能保障，破解了历史遗留的矿山对当地社会及居民居住环境产生不良影响的难题。

第三节　我国矿产资源开发生态补偿政策的历史演进研究

矿产资源是实现我国可持续发展战略的重要资源保障，重视矿产资源开采过程中的生态修复和治理，建立矿产资源生态补偿法律制度，是我国生态文明建设的题中之义。探析我国矿产资源生态补偿政策从无到有，并逐步完善的演进历程，对研究我国生态补偿法律及法理构成有重要意义。

一、矿产资源生态补偿政策空缺期（1949—1981 年）

我国矿产资源开采在计划经济时期处于无偿开采阶段。我国分别于1951 年和 1965 年发布《中华人民共和国矿业暂行条例》和《矿产资源保护试行条例》，虽然加大了对矿产资源的保护力度，但尚未提及生态补偿。研究发现，1950—1960 年，我国已开展对少数矿区自发的生态治理和修复工作。

二、矿产资源生态补偿政策显现期（1982—1995 年）

1982 年，《中华人民共和国对外合作开采海洋石油资源条例》颁布，该法令是我国首个与矿产资源生态补偿有关的政策。此后出台的《中华人民共和国矿产资源法》《中华人民共和国环境保护法》《土地复垦规定》《中华人民共和国矿产资源法实施细则》等法律法规，用政策法规的形式在全国范围推行了矿产资源有偿开采制度，对矿产资源开采税费缴纳、土地复垦和环境保护费、土地损失补偿费等的缴纳和赔偿机制进行了详细规定。我国首个相关地方政策是《江苏省集体矿山企业和个体采矿收费实行办法》，于 1989 年由江苏省出台并颁布实施。此后，全国 14 个省（区、市），145 个县（市、区）相继开展了煤矿环境保护费征收、生态环境修复费征收等矿产资源生态补偿试点工作。1993 年，国务院对内蒙古的能源基地实行了生态补偿政策。

三、矿产资源生态补偿政策加速推进期（1996—2005 年）

20 世纪 90 年代，《矿产资源补偿费征收管理规定》《中华人民共和国矿产资源法》于 1996 年和 1997 年先后发布。1998 年国务院出台了《矿产资源开采登记管理办法》《矿产资源勘查区块登记管理办法》，2000 年出台《全国生态环境保护纲要》等文件。2005 年《矿山生态环境保护与污染防治技术政策》《国务院关于全面整顿和规范矿产资源勘查开发秩序的通知》《矿山生态环境保护与污染防治技术政策》等发布，加大了对矿山企业的整治力度和对矿区生态的监管力度，探索并完善了矿产资源有偿使用制度和矿山生态环境恢复补偿制度等。上述文件为进一步构建和完善矿产资源规划管理及其有偿开采制度、矿区环境治理和土地复垦制度等打下了坚实的政策基础。

四、矿产资源生态补偿政策逐步完善期（2006—2011 年）

2006 年，我国在"十一五"规划中首次提出"谁开发谁保护、谁破坏谁治理、谁投资谁受益"原则，为推进我国生态保护和补偿机制建设提供了战略指导。同年，财政部等三部门联合发布的《关于逐步建立矿山环境治理和生态恢复责任机制的指导意见》提出，各地因地制宜开展矿山治理试点工作，全国 31 个省（区、市）积极响应，并颁布相关政策法规落实矿山生态治理工作。党的十七大强调资源有偿使用和生态环境补偿，随后，《财政部 国地资源部发展改革委关于深化煤炭资源有偿使用制度改革试点的实施方案》《国土资源部办公厅关于加强国家矿山公园建设的通知》《国家环保总局关于开展生态补偿试点工作的指导意见》《矿山地质环境保护规定》《国土资源部关于贯彻落实全国矿产资源规划发展绿色矿业建设绿色矿山工作的指导意见》《土地复垦条例》等政策相继出台，进一步完善并推进了我国绿色矿山建设、矿产开采税费收缴、矿区生态环境治理等制度的建设，为我国矿产资源生态补偿政策法治化规范化提供了理论和实践参考。

五、矿产资源生态补偿政策全面法治化时期（2012 年至今）

党的十八大以来，以习近平同志为核心的党中央以前所未有的力度抓生态文明建设，大力推进生态文明理论创新、实践创新、制度创新，创立了习近平生态文明思想，美丽中国建设迈出重大步伐，我国生态环境保护发生历史性、转折性、全局性变化。2013 年中共中央印发的《关于全面深化改革若干重大问题的决定》强调，切实实行资源有偿使用制度和生态补偿制度，落实生态资源税费缴纳政策。2014 年推出的《中华人民共和国环境保护法》将生态保护、生态补偿等进一步法治化。同年发布的《财政部 国家税务总局关于实施煤炭资源税改革的通知》和《财政部 国家发展改革委关于全面清理涉及煤炭原油天然气收费基金有关问题的通知》明确了相关税费的收缴制度。2015 年，《中共中央 国务院关于加快推进生态文明建设的意见》对矿区的绿色治理和生态补偿提出了新要求。2016 年《国土资源部 工业和信息化部 财政部 环境保护

部　　国家能源局关于加强矿山地质环境恢复和综合治理的指导意见》《全国矿产资源总体规划（2016—2020 年）》《"十三五"生态环境保护规划》等文件，以及 2017 年六部门联合印发的《关于加快建设绿色矿山的实施意见》，中共中央办公厅、国务院办公厅印发的《关于划定并严守生态保护红线的若干意见》等文件的出台再次为绿色矿山开发、生态环境保护和补偿制度提供了强有力的保障。

从我国矿产资源生态补偿政策的演变历程可见，早期，《中华人民共和国矿产资源法》《中华人民共和国土地管理法》及配套法规中难以找到翔实的法规细则。2006 年开始，地方层面的文件相继出台，但多属于机制条例等规范性文件，法律威慑力不足。近年来，党中央高度重视生态文明建设，2021 年 9 月，中共中央办公厅、国务院办公厅印发了《关于深化生态保护补偿制度改革的意见》，从完善分类补偿制度、健全综合补偿制度、发挥市场机制作用等方面，明确了我国深化生态保护补偿制度改革的路线图和时间表，我国生态保护补偿迈出重要一步。

第四节　本章小结

本章归纳了国内外矿产资源开发生态补偿的应用，并对国外主要国家在矿产资源开发方面的补偿实践、应用模式，以及国内矿产资源开发生态补偿的做法及应用推广情况做了系统梳理，显示出我国在矿产资源开发生态补偿方面卓有成效的探索及产生的积极影响。最后，基于后文将要开展的量化研究，本章对我国矿产资源开发生态补偿相关政策进行梳理，并对政策的动态调整及演变历史进行归纳总结，也为我国生态补偿政策在矿产资源开发领域的设计及创新、变更与调整的过程进行演绎，对未来我国矿产资源开发领域生态补偿政策的针对性、适用性及时代性提供了重要的研判依据。

第四章 西部地区矿产资源开发生态补偿政策评价研究

第一节 理论模型构建

科学评估矿产资源开发生态补偿政策对西部地区生态环境保护的影响效果，需要一种合适的政策效果评估方法。双重差分法（difference-in-difference method，DID）作为政策效果评估的重要方法受到国内外学者的普遍欢迎。但是，该方法的局限性在于，干预之前的参照组和干预组是可比的，这一要求因为地区异质性的存在而无法得到满足，因此该方法会带来评估效果的偏差。为了弥补双重差分方法的不足，Abadie 和 Gardeazabal 提出了合成控制法这一全新的识别政策效果的方法。这一方法采用合成控制对象的方式，也就是通过对参照组进行加权平均，构造反事实的参照组来与每个政策干预个体形成对照，在没有实施生态补偿政策的情况下，模拟生态补偿改革的试点区域进行测算，再来对生态补偿政策的实施效果进行比较。这是一种基于准实验研究的方法，也就是一个对比实验发生在研究期内的同一个时间和同一个区域，再比较分析实施或者不实施生态补偿政策时，该地区的经济、社会、环境和文化保护影响状况的比对结果，即为生态补偿政策对生态保护影响的政策效果。

假设在 $N+1$ 个区域上，区域 1 的生态补偿政策在 T_0 期开始着手实施，而其余的 N 个地区完全没有实施相关的生态补偿政策。Y_{1it} 是指地区 i 在

t 期潜在地实施了生态补偿政策的效果，Y_{0it} 是反映地区 i 在 t 期内没有实施生态补偿政策得到的潜在结果，所以该地区生态补偿政策实施的因果效应为 $\tau_{it}=Y_{1it}-Y_{0it}$，其中，$i=1$，$\cdots$；$N+1$，$t=1$，$\cdots$，$T$。根据实验研究观测到地区 i 在 t 期的结果为 $Y_{it}=D_{it}Y_{1it}+（1-D_{it}）Y_{0it}=Y_{0it}+\tau_{it}D_{it}$，$D_{it}$ 可以看作地区 i 在 t 期生态补偿政策的干预状态。 如果地区 i 在 t 期没有受到生态补偿政策的干预，那么取值为 0，受到生态补偿政策的干预，取值为 1。为了简化表达，若生态补偿政策在 T_0 期后对第 1 个地区实施干预，而其他 N 个地区在任何一个时段内都没有被生态补偿政策进行干预，那么对于 $t>T_0$，$\tau_{1t}=Y_{11t}-Y_{01t}=Y_{1t}-Y_{01t}$ 即表示为生态补偿政策产生的政策效应。由于生态补偿政策在第 1 个地区实施了干预，因此所有在 $t>T_0$ 期，都能观测到潜在结果 Y_{11t}，但无法观测到没有受到政策干预的潜在结果 Y_{01t}。如果要对地区 1 进行反事实结果的估计，那么可以用下面的模型 Y_{0it} 来表示（Abadie 等）：

$$Y_{0it}=\delta_t+\theta_t Z_i+\lambda_t \mu_i+\varepsilon_{it} \qquad （4-1）$$

在上面的式子中，时间固定效应表示为 δ_t；不受生态补偿政策试点影响的控制变量 Z_i 是可观察到的（$K\times1$）维协变量；θ_t 是（$1\times K$）维的未知参数向量，λ_t 是（$1\times F$）维公共因子向量且无法被观测到，μ_i 是（$F\times1$）维系数向量，假设 ε_{it} 是每个地区的短期影响期限内不能被观测到的部分，站在地区层面来说可以设定均值为 0。

上述分析可见，$Y_{0it}=\delta_t+\theta_t Z_i+\lambda_t \mu_i+\varepsilon_{it}$ 扩展了传统 DID 模型。虽然一些影响因素无法观测且在 DID 模型中是允许存在的，但是由于时间无法影响这些影响因素效应，即 λ_t 为常数。而 $Y_{0it}=\delta_t+\theta_t Z_i+\lambda_t \mu_i+\varepsilon_{it}$ 却能够反映那些随时间变化的无法被观测的因素，即设定 λ_t 不为常数。

在满足 $w_j\geq0$，$j=2$，$\cdots$，$N+1$，并且 $w_2+\cdots+w_{N+1}=1$ 的条件下，可以通过设置一个（$N\times1$）维的权重向量 $\overrightarrow{W}=（w_2\cdots，w_{N+1}）$ 得到 Y_{0it}。为了避免偏差我们将权重设置为非负，每一地区的合成控制变量通过向量 $\overrightarrow{W}$ 的特定值进行反映，计算结果是参照组内所有地区的加权平均。因此，加权处理所有参照组地区变量值，可以得到：

$$\sum_{j=2}^{N+1} w_j Y_{jt} = \delta_t + \theta_t \sum_{j=2}^{N+1} w_j Z_j + \lambda_t \sum_{j=2}^{N+1} w_j \mu_j + \sum_{j=2}^{N+1} w_j \varepsilon_{jt} \quad （4-2）$$

假定存在权重向量（$w_2^*\cdots, w^*_{N+1}$），使得：

$$\sum_{j=2}^{N+1} w_j * Y_{j1} = Y_{11}, \sum_{j=2}^{N+1} w_j * Y_{j2} = Y_{12}, ..., \sum_{j=2}^{N+1} w_j * Y_{jT_0} = Y_{1T_0}, \sum_{j=2}^{N+1} w_j * Z_j = Z_1 \quad （4-3）$$

Abadie 等提出如果 $\sum_{t=1}^{T_0} \lambda_t^{'} \lambda_t$ 被证明为非奇异矩阵，那么有：

$$Y_{01t} - \sum_{j=2}^{N+1} w_j * Y_{kt} = \sum_{j=2}^{N+1} w_j * \sum_{s=1}^{T_0} \lambda_t \left(\sum_{n=1}^{T_0} \lambda_n^{'} \lambda_n\right)^{-1} \lambda_s^{'} (\varepsilon_{js} - \varepsilon_{1s}) - \sum_{j=1}^{N+1} w_j * (\varepsilon_{jt} - \varepsilon_{1t}) （4-4）$$

通过证明可以得到，上面的式子在一般的条件下结果趋近于 0。所以可以近似用合成控制组来表示地区 1 的反事实结果，即在 $T_0 < t \leq T$ 时期 $\hat{Y}_{01t} = \sum_{j=2}^{N+1} w_j * Y_{jt}$，进一步可以得到政策效果的估计值：

$$\hat{\tau}_{1t} = Y_{1t} - \sum_{j=2}^{N+1} w_j * Y_{jt}, t \in [T_{0+1}, ..., T] \quad （4-5）$$

在求取 $\hat{\tau}_{1t}$ 的过程中，关键是找到权重 W^* 使等式（4-3）成立，而合成控制向量 W^* 可以通过近似解来进行确定。选择最小化 X_1 和 X_{0w} 之间的距离 $|X_1 - X_{0w}|$ 来确定。其表达式为：

$$|X_1 - X_{0w}| = \sqrt{(X_1 - X_{0w})' V (X_1 - X_{0w})} \text{权重 } W^*$$

其中，X_1 是西部地区在实施生态补偿政策前的（$m \times 1$）维特征向量；X_0 为（$m \times N$）矩阵，X_0 的第 j 列是地区 j 实施生态补偿政策前对应的特征向量。V 是一个（$m \times n$）的对称半正定矩阵。尽管推导过程对任意 V 都有效，但是 V 的选择实际上会对估计均方误差产生影响，通过使用 Abadie 等开发的程序计算得到这里的 V，使虚拟合成的地区矿产资源开发及环境保护轨迹与生态补偿政策实施地区在政策实施前相类似。合成地区的情况可以通过加权处理得到，这实际上是对生态补偿政策的实施地区在假设不实施该项政策时经济、社会、环境及文化的影响情况进行模拟，生态补偿政策实施对矿产资源开发地区与合成地区在社会、经济、环境及文化领域发生的变化和形成的差异，即生态补偿政策对矿产资源开发区域的综合性影响。

第二节　指标构建与数据来源

因后文政策实施效果评价及补偿效益综合评价研究需要，本节在评价指标的选取及指标内涵的描述上，结合目前国内相关研究文献及评价应用研究成果，广泛准确地梳理了本书研究需要的各维度指标，拓宽了数据来源，广泛收集相应的数据资料，将该部分指标应用服务于后文章节中对矿产资源开发生态补偿研究的各个领域。具体指标体系构建如表4-1所示。

表 4-1　战略性矿产资源开发生态补偿效益综合评价指标体系

一级指标	二级指标	单位	指标属性
经济补偿维度	工业总产值（A1）	万元	+
	矿山企业数（A2）	个	−
	从业人数（A3）	名	−
	年产矿量（A4）	万吨	+
	综合利用产值（A5）	万元	+
	矿产品销售收入（A6）	万元	+
	利润总额（A7）	万元	+
环境补偿维度	本年矿业开采新增占用损坏土地面积 (B1)	公顷	−
	本年恢复治理的矿山数 (B2)	个	+
	本年恢复治理面积 (B3)	公顷	+
	本年投入矿山环境治理资金 (B4)	万元	+
	本年新增水土流失治理面积 (B5)	公顷	+
	造林面积 (B6)	公顷	+
	林业投资完成额 (B7)	万元	+
	环境基础设施投资情况投资额 (B8)	万元	+

续表

一级指标	二级指标	单位	指标属性
社会补偿维度	就业人数按行业分为私营企业和个体就业 (C1)	万人	+
	失业率 (C2)	%	+
	卫生机构 (C3)	个	+
	医疗机构床位数 (C4)	个	+
	基本养老保险 (C5)	万人	+
	失业保险 (C6)	万人	+
	基本医疗保险 (C7)	万人	+
文化补偿维度	艺术表演团体演出 (D1)	场次	+
	博物馆 (D2)	个	+
	中高等教育机构数量 (D3)	个	+
	中高等学校在校人数 (D4)	名	+

释义：指标属性的"+"表示正向指标，即促进补偿效益；"-"表示负向指标，即抑制补偿效益。

一、指标构建及指标内涵

（一）经济效益指标

发展是基础，经济不发展，一切都无从谈起。区域性的矿产资源开发产生的最直接的效益是经济效益。一个区域矿业发展的基础往往能够通过该地区的矿产资源开发和利用的现状来反映。矿产资源的开发利用对该区域的经济效益有着不可替代的影响。除此之外，经济补偿是矿产资源开发补偿的重要环节，矿产资源开发的经济补偿以当地矿产企业为载体表现出来，矿产企业获得经济收益后，为谋求自身发展，会加大对人才的需求，从社会上招收人才，增加社会民众的经济效益。于是，企业在促进社会发展、参与生态修复的过程中，同时为自身创造更为有利的发展环境，进而提升自身的经济效益，形成自身发展与社会发展的良性循环。

因此，经济补偿层面指标应涵盖区域矿产资源开发利用现状、区域矿产企业经济效益等。具体而言，本书参考前人的研究，选取矿产企业数、年产矿量、非油气资源矿业总产值、综合利用产值作为区域矿产资源开发利用现状的代理指标，选取从业人数、矿产品销售收入、利润总额作为矿产企业经济效益的代理指标。

1. 矿产企业数

矿产企业数是区域内具有非油气矿产资源勘矿权和采矿权的企业数量，它直接反映区域的矿产开发基础。矿产企业数与区域经济效益成正比，但与区域生态环境保护成反比，故为成本型指标[97]。

2. 年矿产量

年矿产量是区域内非油气矿产资源每年原矿的产量，单位为万吨，它直接反映区域矿产资源开发的程度。年矿产量与区域经济效益成正比，故为效益型指标[98-99]。

3. 非油气资源工业总产值

非油气资源工业总产值反映一定时期内特定地区的矿业生产总规模，由特定地区一年内所生产的所有可出售和已出售的工业产品数量表示。当前往往以货币的形式来表示非油气资源工业总产值，单位为万元。非油气资源工业总产值和区域经济效益成正比，所以非油气资源工业总产值是效益型指标[99]。

4. 综合利用产值

综合利用产值是矿产资源选矿、采矿、冶炼以及生产消费过程中对伴生矿、废气、废液等废物进行综合开发、回收利用而产生的产值，单位为万元。它反映区域内对矿产资源综合利用的程度及其产生的经济价值。综合利用产值越高，经济效益越大，故为效益型指标[118-119]。

5. 从业人数

从业人数是区域内每年在矿产企业从事矿产资源开发的人员总量，它反映了区域内矿产企业的规模。从业人数越多，矿产企业规模越大，在开采过程中对环境的损害越大，故为成本型指标[99-100]。

6. 矿产品销售收入

区域内矿产企业矿产品的销售收入往往以万元为单位，反映了特定时间特定区域内矿产品销售的总收入。它反映企业的经济收益，二者成正比，故为效益型指标[118]。

7. 利润总额

利润总额是区域内矿产企业每年矿产品销售收入减去各项成本的总额，单位为万元。它直接反映企业的经济收益，二者成正比，故为效益型指标[99]。

（二）环境效益指标

生态治理是矿产资源开发不可忽视的重要环节，直接关系民生福祉。矿产资源开发主要涉及对矿石的选、采、冶三个阶段，每个阶段都会对矿山山体的土地、植被以及周围环境产生不同程度的影响。矿产企业不仅要通过缴纳相关税费、编制环境恢复治理及土地复垦方案等方式，加强对开采环境的生态修复，还要增设基础设施，加强对"三废"等污染物的处置。

因此，生态补偿层面的指标应该包括矿山、土地、森林、环境等治理的指标。具体而言，本书参考前人的研究，选取了本年矿业开采新增占用损坏土地面积、本年恢复治理的矿山数、本年土地恢复治理面积、本年投入矿山环境治理资金、新增水土流失治理面积、造林面积、林业投资完成额、环境基础设施投资情况投资额8个指标。

1. 本年矿业开采新增占用损坏土地面积

矿业的尾矿、排放的固体废弃物、采矿塌陷、露天采矿及其他矿山地质灾害所造成的全部土地面积的占用或损害加总构成了矿业开采新增占用损坏土地面积。该指标直接反映了矿产开发对土地资源的占用损坏情况，与生态效益成反比，故为成本型指标[101-102]。

2. 本年恢复治理的矿山数

本年恢复治理的矿山数是指通过尾矿坝绿化、塌陷土地复垦、矿坑废水处理等方法，使因矿业的开采而造成的环境破坏和污染的矿山恢复到正常水平的数量，生态的效益与恢复治理矿山数呈正相关关系。这一指标能够直接反映矿山的地质环境治理成效，所以可将这一指标作为效益性指标[101]。

3. 本年土地恢复治理面积

本年土地恢复治理面积是指复垦、地面塌陷治理、还林、还草、建设使用等恢复治理的面积。该指标直接反映了生态修复的治理成效，与生态效益成正比，故为效益型指标[101-102]。

4. 本年投入矿山环境治理资金

本年矿山环境治理资金是指中央财政、地方财政、矿山企业投入和民间投入等用于矿山环境恢复治理的资金。该指标直接反映了各级政府、社会、企业对矿山环境治理的力度，与生态效益成正比，故为效益型指标[103-104]。

5. 本年新增水土流失治理面积

本年新增水土流失治理面积能够反映水土的生态环境保护和治理效率，这一指标与该地区的生态效益成正比，所以可将其作为效益性指标[105]。

6. 造林面积

通过人为进行播种、植苗、工具播种等方法在荒芜的地区种植的林地面积被称为造林面积。该指标反映了对树林、植被的保护力度，与生态效益成正比，故为效益型指标[106]。

7. 林业投资完成额

林业投资完成额反映了各级财政资金在生态环境保护中的投入力度，与生态效益成正比，故为效益型指标[107]。

8. 环境基础设施投资情况投资额

在环境领域的基础性设施建设是我国在治理环境污染问题方面的重要内容之一，直接反映了各级政府、企业、社会对环境的保护力度，与生态效益成正比，故为效益型指标[108]。

（三）社会效益指标

社会效益指标可以反映在战略性矿产资源开发过程中，补偿主体在履行社会责任方面的情况，涉及带动当地其他产业发展、鼓励开采企业在本地用工、提高基础设施建设、提高当地社会保障水平等几个方面，社会效益越好，表明矿产资源开发生态补偿所带来的社会效益越大。因此，本书选取就业人数、失业率、卫生机构数、医疗机构床位数、基本养老保险参保人数、失业保险参保人数、基本医疗保险参保人数 7 个指标来衡量战略性矿产资源开发对当地社会保障水平的影响。

1. 就业人数

就业人数指标是指西部地区开发战略性矿产资源时给社会创造的新的就业机会。在开发矿产资源活动中所能提供的就业人数的多少可以衡量开发活动的就业效益高低，或是通过增加每个就业机会所需要增加的投资多少来进行衡量，成功就业的人数越多，则就业效益越大，社会效益越大，所以该指标是效益型指标[120]。

2. 失业率

失业人口与总劳动人口的比例称为失业率，在战略性矿产资源开发阶段，劳动人口的失业情况可以通过失业率来表示，根据劳动人口的失业情况，可以判断这一时期所有劳动人口的就业情况，衡量劳动力的闲置程度。失业率是一个落后指标，失业率越高，闲置劳动产能越多，社会效益越低，所以该指标是成本型指标[109-114]。

3. 卫生机构数

卫生机构数是一个绝对数指标，主要指医疗机构、疾病预防控制中心、医学科研和在职培训机构、健康教育所等机构的数量，可以反映开发战略性矿产资源地区的社会保障水平。卫生机构数量越多，说明社会保障水平越高，所以该指标是效益型指标[120-121]。

4. 医疗机构床位数

医院的规模、等级和提供卫生服务的能力在一定程度上可以通过医疗机构床位数来反映，这一指标是一个绝对数指标。开发战略性矿产资源地区的医疗机构床位数可以体现该地区的医疗水平，进一步反映在开发战略性矿产资源时期该地区的社会保障水平。医疗机构床位数越多，社会保障水平越高，所以该指标是效益型指标[120]。

5. 基本养老保险参保人数

为保障丧失劳动能力而退出劳动岗位的老年人的基本生活，国家设置了基本养老保险，一个地区参加基本养老保险的人数往往被视为衡量该地区社会保障水平的重要指标。在开发战略性矿产资源地区，社会养老保障水平可以通过该指标来反映。参保人数越多，说明该地区社会保障水平越高，所以该指标是效益型指标[121]。

6. 失业保险参保人数

因为短期因素而暂时性失业的劳动人群，可以通过失业保险获得基本生活保障，对于暂时性失业的人员，失业保险是一项重要的保障制度。在指定区域参加失业保险的人数往往被视为一个衡量该地区社会保障水平的重要指标。该指标可以反映开发战略性矿产资源地区的社会保障水平。参保人数越多，说明该地区社会保障水平越高，所以该指标是效益型指标。

7. 基本医疗保险人数

通过基本医疗保险，患有疾病或治理疾病造成的经济负担可以得到减免或者扣除。对于患有疾病的人群来说，疾病医疗保险是一项重要的保障制度。参加基本医疗保险的人数也是衡量一个地区社会保障水平的重要指标，该指标可以反映开发战略性矿产资源地区的社会医疗保障水平。参保人数越多，说明该地区社会保障水平越高，所以该指标是效益型指标。

（四）文化效益指标

民族文化是中华优秀传统文化的重要组成部分，增强中华民族的凝聚力和生命力，可以通过尊重和保护民族文化这一途径实现。因此，开发西部地区战略性矿产资源时，应当对民族文化进行重视和保护。在资源开发的过程中，必须保护和重视民族文化，秉持民族文化保护与资源开发并重的原则，重视经济发展同民族文化保护之间的互动关系，以促进资源开发与民族文化的可持续发展。本书选取艺术表演团体演出次数、博物馆数量、中高等教育机构数量和中高等学校在校人数作为衡量民族文化保护程度的指标。

1. 艺术表演团体演出次数

艺术表演团体是指专门从事艺术表演等活动的文化机构，各级表演团体在大力开展艺术创作和生产、传播民族文化、开展艺术教育等方面发挥着重要作用，融入当地文化特色的艺术表演团体演出次数能够在一定程度上反映矿产资源开发地区政府对传统民族文化的重视和保护。该指标越大，表明当地政府对民族文化的重视程度越高，所以该指标为效益型指标[122]。

2. 博物馆数量

博物馆是征集、典藏、陈列和研究代表自然和人类文化遗产的实物的场所，是为公众提供知识、传播传统民族文化的公共机构，博物馆数量能够反映矿产资源开发地区政府对当地传统文化的重视和保护程度。该指标越大，表明当地政府对民族文化的保护程度越高，所以该指标为效益型指标[123]。

3. 中高等教育机构数量和中高等学校在校人数

中等教育是在初等教育的基础上进行的义务教育，高等教育是在中等教育的基础上进行的专业教育。在矿产资源开发地区，中高等教育机构数量和中高等学校在校人数在相当的程度上可以反映文化教育的能力。参考冯聪等学者选择培训与教育作为衡量和谐社区建设的社会指标，本书考虑到数据的可得性，选取中国社会统计年鉴中中高等教育机构数量、中高等学校在校人数作为衡量矿产资源开发地区的培训与教育水平。中高等教育机构数量越多，中高等学校在校人数越多，说明该地区文化教育水平越高，所以该指标为效益型指标[123]。

二、数据来源与预处理

根据四川省高校购买的数据库资源、国家部委相关统计年鉴的权威数据及行业领域权威发布的专著及研究报告，本书研究收集的数据主要来源于《中国能源统计年鉴》《中国国土资源统计年鉴》《中国统计年鉴》《中国环境统计年鉴》《中国社会统计年鉴》《全国矿产资源规划（2016—2020年）》《中国矿产地质志》等。

本次统计的数据在一定程度上存在部分省（区、市）的部分指标数据统计缺失或西部地区部分数据统计不完整的情况，为方便后文的统计分析和综合评价，通常在缺失部分数据的情况下，保证足够大的数据量，将含有缺失值的样本删掉，并不会对结果产生太大影响。但是，在样本量小和缺失数据多的情况下，我们简单地删掉数据，会损失较多的信息，并且使结果有偏差。因此，本书通过以下方法对数据缺失值进行合理的处理：一是进行数据插补，二是删除缺失数据。删除数据的方法会造成数据减少，导致数据的不完备，浪费数据资源，如果分析问题的数据本身就不足够或者不充分，删除数据的处理方式会让分析的客观性受到严重影响。插值法是一种通过已知的点进行近似计算从而求得未知点的近似计算方法，也就是通过构建一个多项式的函数，使这个多项式函数通过所有已知的点，再用求得的函数来进行预测，对缺失的数据进行合理的补充。针对本章研究需要，课题组对指标及数据进行了预处理，描述性统计分析如表4-2所示。

表4-2　描述性统计分析

VARIABLES	N	mean	sd	min	max
年份	187	2009	4.912	2001	2017
所在地区	187	6	3.171	1	11
工业总产值／万元	187	14.39	1.355	9.794	16.99
矿山企业数	187	7.863	1.324	3.761	9.093
从业人数	187	11.54	1.541	3.584	13.2
年产矿量	187	9.618	1.468	2.644	13.09
综合利用产值	187	10.92	2.178	2.996	14.66
矿产品销售收入	187	14.21	1.455	8.868	16.89
利润总额	187	12.4	1.542	7.794	15.68
本年矿业开采新增占用损坏土地面积	187	7.908	1.649	0.693	11.28
本年恢复治理的矿山数	187	4.064	1.788	0	6.96
本年恢复治理面积	187	6.483	1.634	0	10.54
本年投入矿山环境治理资金	187	8.818	1.64	3.912	12.54
本年新增水土流失治理面积	185	4.874	1.403	−0.916	6.652
造林面积	187	5.286	0.85	2.602	6.759
林业投资完成额	187	12.79	1.414	6.052	16.2
环境基础设施投资情况投资额	187	3.464	1.553	−1.609	5.924
就业人数（按行业分私营企业和个体企业）	187	5.369	1.002	2.14	7.248
失业率	187	1.303	0.166	0.742	1.589
卫生机构数	187	9.427	0.964	7.14	11.3
医疗机构床位数	187	11.33	0.988	8.7	13.24
基本养老保险参保人数	187	5.494	1.317	2.028	7.756
失业保险参保人数	187	4.93	1.158	1.831	6.655
基本医疗保险人数	187	6.05	1.293	2.671	8.951
艺术表演团体演出场次	181	2.642	0.913	0.344	5.021
博物馆数量	187	3.613	1.333	0.693	5.642
中高等教育机构数量	187	5.346	1.149	2.485	6.812
中高等学校在校人数	187	13.13	1.13	9.748	14.73

　　根据研究的需要，本章将从经济效益、社会效益、文化效益和环境效益的层面，对生态补偿政策实施效果进行评价研究，通过上述方法测

度生态补偿政策在代表性民族地区矿产资源开发过程中的影响效应，并形成有价值的研究结论。

第三节　研究过程与结果分析

一、生态补偿政策实施节点的确定

生态环境补偿政策体系的建立是由我国生态环境保护工作的逐步推动完成的。2010 年 12 月 25 日，《中华人民共和国水土保持法》规定，国家加强江河源头区、饮用水水源保护区和水源涵养区水土流失的预防和治理工作，多渠道筹集资金，将水土保持生态效益补偿纳入国家建立的生态效益补偿制度。这一规定表明国家巩固现行的生态补偿法律制度的决心，更明确了国家进一步对生态补偿内容进行丰富的态度。国家发改委在 2011 年牵头制定了《生态补偿条例》草案初稿，并同步拟定了《关于建立完善生态补偿机制的若干意见》。从 2003 年起，矿山地质环境专项资金初步设立，主要用于支持地方开展地质环境治理，重点针对历史遗留和矿业权人灭失的矿山，提供重要的制度保障。2006 年，山西省煤炭工业可持续发展试点得到国务院批准并实施开展；同年，《关于逐步建立矿山环境治理和生态恢复责任机制的指导意见》由原环保总局等部门发布，财政部会同国土资源部根据意见要求，按比例从矿产品销售收入中提取保证金，用于矿山环境治理和生态恢复。2010 年国土资源部印发《关于贯彻落实全国矿产资源规划发展绿色矿业建立绿色矿山工作的指导意见》。2011 年，矿山环境恢复治理保证金制度在全国初步建立起来。

2011 年之后，矿产资源开发生态补偿政策开始在该领域逐步发挥调控作用，引导自然环境保护和资源的可持续利用。紧接着，我国生态环境补偿机制立法建设持续推进，为我国矿产资源开发生态补偿工作提供了重要的法制基础。

二、计算过程与结果分析

西部地区受自身经济、社会、文化和环境发展水平，甚至区位影响，政策实施进度、力度及区域发展战略调整的方向、速度、力度出现差异，政策执行及影响效力也产生差异。本书的研究不考虑使用以往将两个试点区域混合研究的方法，而是采取分析每个区域的方式，分别构建内蒙古、广西、新疆、云南以及宁夏等西部地区的合成控制区域。通过使用数据驱动型的合成控制法，政策实施城市无论处在哪一阶段，只要在政策实施之前合成控制对象能够相对合适地拟合出政策实施城市发展趋势，结果就能较好地反映该项政策的实施效果。用合成控制法评价生态补偿政策对西部少数民族区域的影响，由每一个试点地区及其合成控制地区的从业人数、矿山企业数、失业率、卫生机构数以及中高等学校在校人数或各个指标的差值来衡量。以广西为例，生态补偿政策试点的时间为2011年，生态补偿政策对广西产生的实施效果通过广西和合成广西在2011年后的从业人数、矿山企业数、失业率、卫生机构数以及中高等学校在校人数或各个指标的差值来体现。

合成控制对象的权重组合可以通过合成控制法来计算，本书在分析西部地区受到生态补偿政策的影响过程中，使用从业人数、矿山企业数、失业率、卫生机构数以及中高等学校在校人数或各个指标的差值作为预测变量考查生态补偿政策对西部地区的影响。因此，利用合成控制法可以估计生态补偿政策对西部地区经济、社会、生态以及文化等四个方面的影响。为了更清晰地展现生态补偿政策对西部地区各方面的影响，本书对所涉及的我国西部代表性地区进行详细分析。

（一）云南和合成云南的比较分析

由图 4-1 可见，2011 年以前合成云南的实际从业人数、矿山企业数以及中高等学校在校人数与真实云南的轨迹基本重合，其中轨迹吻合度几乎重合，说明合成控制法很好地拟合了生态补偿政策前的指标特征。

而在 2011 年以后，云南的实际从业人数以及矿山企业数略高于合成云南的实际从业人数和矿山企业数，说明生态补偿政策在某种程度上促进了云南的经济增长；中高等学校在校人数在 2011 年以后的合成路径与真实路径也发生了分化，随着时间的推移，真实值逐渐低于合成值，说明生态补偿政策在一定程度上促进了云南整体教育的发展，对云南的社会发展起到了某种程度上的促进作用。

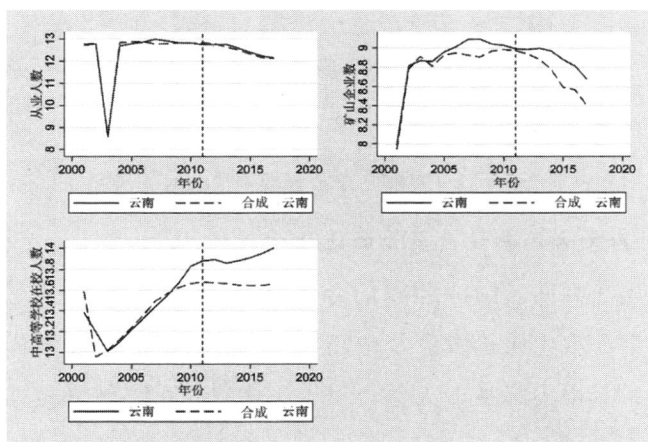

图 4-1　真实云南与合成云南的对比情况

（二）宁夏和合成宁夏的比较分析

从图 4-2 可见，2011 年以前合成宁夏的实际从业人数以及失业率与真实宁夏的轨迹基本重合，其中实际从业人数的轨迹吻合度几乎重合，说明合成控制法很好地拟合了生态补偿政策前的指标特征。而在 2011 年以后，宁夏的实际从业人数高于合成宁夏的实际从业人数，说明生态补偿政策在某种程度上促进了宁夏的经济增长；2011 年以后，失业率在合成路径与真实路径上也发生了分化，随着时间的推移，真实值逐渐低于合成值，说明生态补偿政策在一定程度上降低了宁夏整体的失业率，对宁夏的社会发展起到某种程度上的促进作用。

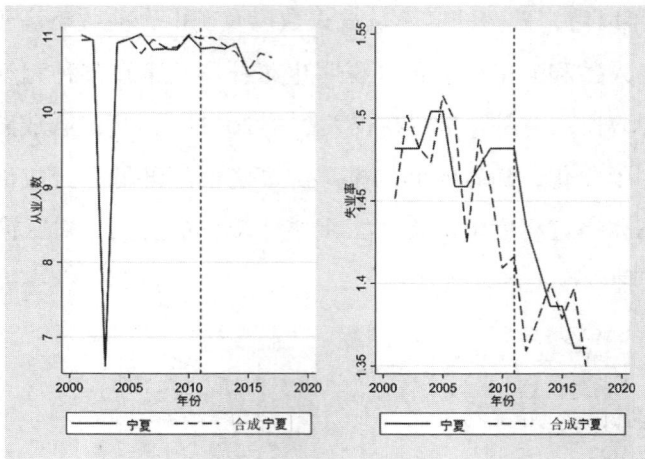

图 4-2　真实宁夏与合成宁夏的对比情况

（三）内蒙古和合成内蒙古的比较分析

由图 4-3 可见，2011 年以前合成内蒙古的实际从业人数、矿山企业数、失业率、卫生机构数以及中高等学校在校人数与真实内蒙古的轨迹基本重合，其中实际从业人数、卫生机构以及中高等学校在校人数的轨迹几乎重合，说明合成控制法对生态补偿政策实施前的指标特征进行了很好的拟合。而在 2011 年以后，内蒙古的实际从业人数高于合成内蒙古的实际从业人数，说明生态补偿政策在某种程度上促进了内蒙古的经济增长；2011 年以后，失业率的合成路径与真实路径也发生了分化，随着时间的推移，真实值逐渐低于合成值，说明生态补偿政策在一定程度上降低了内蒙古整体的失业率，对内蒙古的社会发展起到某种程度上的促进作用。值得一提的是，2011 年以后，内蒙古的实际矿山企业数低于合成内蒙古的矿山企业数，内蒙古的实际中高等学校在校人数低于合成内蒙古中高等学校在校人数，这个结论与预期设想相矛盾。

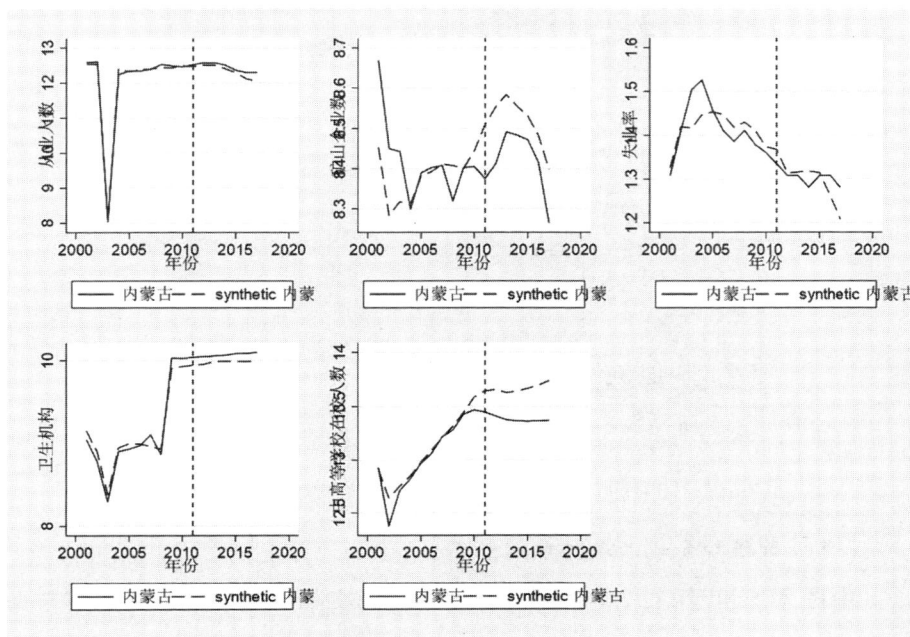

图 4-3　真实内蒙古与合成内蒙古的对比情况

（四）广西和合成广西的比较分析

由图 4-4 可见，2011 年以前合成广西的实际矿山企业数、失业率、卫生机构数与真实广西的轨迹基本重合，其中实际矿山企业数、失业率、卫生机构数的轨迹吻合度极高，表明合成控制方法能很好地拟合了生态补偿政策实施前的指标特征。而在 2011 年以后，广西的实际卫生机构数高于合成广西的卫生机构数，说明生态补偿政策在某种程度上促进了广西的社会增长；失业率、矿山企业数在 2011 年以后合成路径与真实路径也发生了分化，随着时间的推移，真实值逐渐低于合成值，说明生态补偿政策在一定程度上减少了广西整体的矿山企业数，失业率的降低可以在某种程度上说明社会经济的发展。

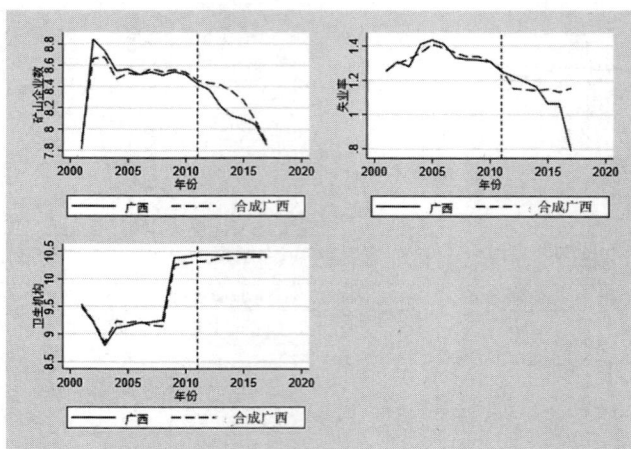

图 4-4　真实广西与合成广西的对比情况

（五）新疆和合成新疆的比较分析

由图 4-5 可见，2011 年以前合成新疆的实际从业人数、失业率与真实新疆的轨迹基本重合，其中实际从业人数的轨迹几乎重合，说明合成控制法很好地拟合了生态补偿政策前的指标特征。而在 2011 年以后，新疆的实际从业人数高于合成新疆的从业人数，说明生态补偿政策在某种程度上促进了新疆经济的增长；2011 年以后，失业率的合成路径与真实路径也发生了分化，随着时间的推移，真实值逐渐低于合成值，说明生态补偿政策在一定程度上加速降低了新疆整体的失业率，失业率的降低可以在某种程度上说明社会经济的发展。

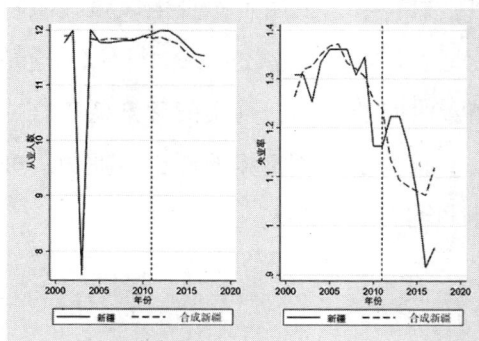

图 4-5　真实新疆与合成新疆的对比情况

（六）西部地区和合成西部地区的比较分析

为更好地观察生态补偿政策对西部地区各方面事业发展的影响，本书测算了试点前后各个西部地区与对应合成西部地区间各项指标的差值，结果如图 4-6 所示。

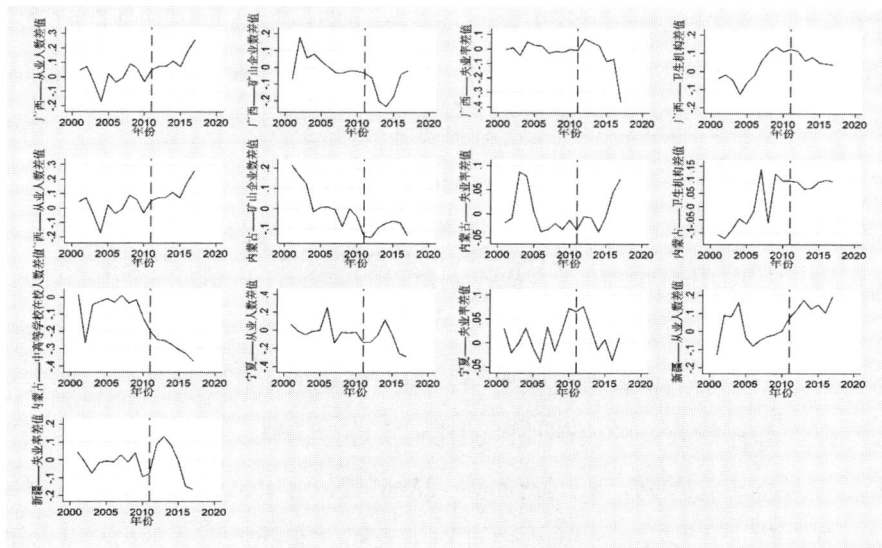

图 4-6　各指标的真实值与合成值之间的差值

但是仅仅从图中并不能得到准备的结果。表 4-3 中为各个西部地区的干预后 MSPE 值。

表 4-3　各西部地区干预后的 MSPE 值

指标	内蒙古	广西	宁夏	新疆
矿山企业数	0.097005	0.071029		
从业人数	0.072761		0.096006	0.082671
失业率	0.042807	0.026731	0.033012	0.044
卫生机构数	0.093316	0.083621		
中高等学校在校人数	0.094984			

从表 4-3 中可以看出，上述所列图形的 MSPE 值均小于 0.1（显著性），因此可以在某种程度上承诺上述结果的准确性。

生态补偿政策对西部地区实际从业人数、矿山企业数、失业率、卫生机构数以及中高等学校在校人数的影响具体如下：各个西部地区和对应的合成控制地区在 2001—2019 年的实际从业人数、矿山企业数、失业率、卫生机构数以及中高等学校在校人数及各指标的真实值与合成值之间的差值如图 4-6 所示，其中垂直虚线所在的位置表示生态补偿政策实施的年份。在虚线左侧，各个西部地区和对应的合成控制地区的实际从业人数、矿山企业数、失业率、卫生机构数以及中高等学校在校人数都非常接近，差异度 MSPE 极小（见表 4-3），说明各个西部地区和对应的合成控制地区很好地拟合了西部地区各个指标情况的变动路径。而在虚线右侧，随着时间的推移，合成控制对象的实际从业人数、矿山企业数、失业率、卫生机构数以及中高等学校在校人数均与西部地区逐渐偏离，两者的差值正是生态补偿政策对西部地区影响的效果，意味着与假设没有实施生态补偿政策的西部地区相比，实施生态补偿政策能够促使西部地区的实际从业人数、矿山企业数、失业率、卫生机构数以及中高等学校在校人数进一步发展，这种促进作用表明生态补偿政策显著促进了西部地区的发展。

从整体结果来看，西部地区的生态补偿政策显著提高了西部地区的实际从业人数、矿山企业数、失业率、卫生机构数以及中高等学校在校人数，促进了西部地区的进一步发展，并且这一结果是在政策实施前合成西部地区拟合效果限制条件下得到的，有较强的说服力。而西部地区生态补偿政策对矿山企业数和实际从业人数、失业率、卫生机构数以及中高等学校在校人数的影响并不一致，即减少了矿山企业数，却增加了实际从业人数、失业率、卫生机构数以及中高等学校在校人数。因此，可以概况为西部地区矿产资源开发在补偿政策实施下对经济、社会和文化等方面产生了积极的影响，但是环境保护方面的影响力还未显现，需要在政策制度设计上进一步加强环境保护，加大环境保护政策实施力度，实现民族地区矿产资源开发与社会、经济、环境、文化的同频共振，产生生态补偿的综合效益。

第四节　稳健性检验

根据合成控制法中稳健性检验的要求，如果政策实施对象与在政策实施前期合成控制对象的拟合效果较好，则有必要对政策实施稳健性进行检验，否则不必进行稳健性检验。Abadie 等认为，大样本理论进行统计推断不适用于比较案例研究，因为比较案例研究涉及的潜在控制地区数目并不多。因此，学者提出使用"安慰剂检验"方法。由于对样本容量没有具体要求，适用性很强，这种"排列检验"（permutation test）方法被广泛使用。"安慰剂"一词是在测试新药疗效的医学随机试验中出现的，应用于政策实施效果的比较是一种更深领域的推广，该方法应用到西部地区受到生态补偿政策的影响案例中，需要弄明白是否只有偶然因素在驱动。

"安慰剂检验"的基本方法如下：在处理的地区方面，如果生态补偿政策是有效果的，则真实的西部地区干预后的结果变量将无法被合成控制很好地预测，从而产生较大的干预后 MSPE 值（均方预测误差的平方根）。但是合成区域如果在干预之前就无法很好地预测真实区域的结果变量（较大的干预前 MSPE 值），也会导致干预后 MSPE 值增大，因此通过二者比值的攫取来控制前者对结果施加的影响。假如在生态补偿政策的实施地区有比较明显的处理效应，"安慰剂效应"在其他控制地区没有得到明显的体现，则应该观测西部地区的干预后 MSPE 值与干预前 MSPE 之比值的变化，如图 4-7 所示。

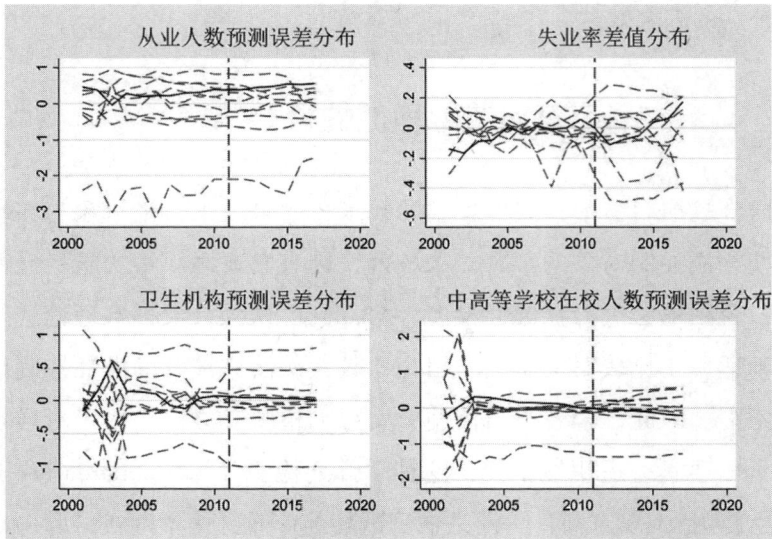

图 4-7　各区域指标差值分布

以矿山企业数作为预测变量，2004—2011 年 MSPE 值超过西部地区 MSPE 值 1.5 倍的区域预测变量差值的分布信息展示被排除。2004—2011 年，其他地区相比西部地区的实际从业人数、失业率、卫生机构数以及中高等学校在校人数变动的差距并不大，但是在 2011 年后，西部地区与其他城市的差值逐渐开始拉大。

本书在分析政策实施如何影响地方发展的基础上，利用 2011 年国家颁布实施的一揽子矿产资源生态补偿政策，基于 2001—2019 年全国 12 个西部地区统计的面板数据，借助合成控制法，实证分析了生态补偿政策对西部地区矿产资源开发的影响及其差异，研究发现：

第一，从生态补偿政策对西部地区实际从业人数、失业率的整体影响来看，生态补偿政策对西部地区的经济发展具有重要支持作用。但由于各个地区经济发展水平、强度和力度等方面不同，生态补偿政策对西部地区经济的影响效果存在差异，因此，对西部地区经济的支持作用也不尽相同。

第二，从生态补偿政策对西部地区卫生机构数、中高等学校在校人数的整体影响来看，生态补偿政策对西部地区的社会经济发展具有支持作用。但是研究结果发现，生态补偿政策直接影响了社会、经济及文化效益，在环境保护方面作用不足，对生态环境保护的积极效应没有得到有效的发挥。在"十四五"时期，应进一步加大生态补偿政策针对环境保护的影响效力，促进生态补偿政策与社会经济发展、文化保护传承、生态环境保护协调发展。

第五节　本章小结

本章通过合成控制法构建了生态补偿政策实施效果判断的指标体系，梳理了国家生态补偿政策制定的历史背景、发展脉络，以及生态补偿政策实施的关键节点，以 12 个西部地区 2001—2019 年的统计面板数据为基础，利用 2011 年国家颁布实施的一揽子矿产资源生态补偿政策，通过政策实施对矿产资源开发地区的社会、经济、文化及环境影响求证，分析了生态补偿政策对西部地区矿产资源开发的影响及其差异。研究结果初步证实了生态补偿政策对西部地区发展产生了积极影响，表现为对社会效益、经济效益和文化效益的影响。这为政策制定者设计匹配有效的生态补偿政策，推进西部地区矿产资源开发，服务西部地区各项事业全面发展提供了现实依据。同时，需要指出的是政策实施对环境保护效益的影响不足，需要政策制定者进一步加大生态补偿政策在环境保护方面的针对性和可操作性，增强政策的影响效力，促进生态补偿政策与社会经济发展、生态环境保护和文化保护传承协同发展。

第五章　西部地区矿产资源开发生态补偿政策关键主题挖掘与演化研究

第一节　理论模型构建

一、LDA 主题模型构建

2003 年 Blei 提出的三层贝叶斯主题模型——LDA(latent dirichlet allocation)，通过不教之教的方法发现文本中蕴藏的要点，旨在用无监督学习的方法从文本中发现主题（topic）或者概念（concept）隐藏的形式逻辑。隐性语义分析不需要任何关于文本的基础背景，其实质是要利用文本中词项（term）的多重性来发现文本的主题（topic）结构。文本中的一词多义和一义多词语言现象可以通过隐性语义进行建模，这使搜索引擎系统得到的搜索结果与用户的疑问并非只是词汇层面的交集，而是语义层次上匹配。图 5-1 主要反映的是文档、词、主题之间的关系。

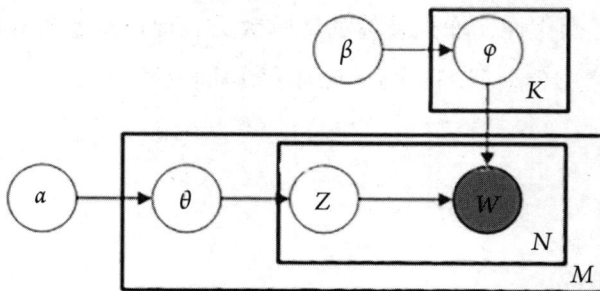

图 5-1　LDA 主题模型结构图

图 5-1 显示，文档总数为 M，主题个数为 K，因此 N_m 就是第 m 个文档的单词总数。Dirichlet 先验参数为 β，是由每个 topic 下词的多项分布决定的；Dirichlet 先验参数为 a，又是由每个文档下 topic 的多项分布所决定。第 m 个文档中第 n 个词的主题用 $W_{m,n}$ 表示，也即 m 个文档中的第 n 个词。隐含变量 θ 表示第 m 个文档下的 topic 分布，隐含变量 φ 表示第 k 个 topic 下词的分布，前者可以由 k 维（k 为 topic 总数）向量表示，后者可以由 v 维（v 为词典中 term 总数）向量来表示。LDA 模型的含义可以理解为在 m 篇文章中包含了 K 个主题；长度是 N_m 的每篇文章所包含的主题服从 Dirichlet 的多项分布，a 是 Dirichlet 的参数；每个主题下词项的分布也是服从 Dirichlet 的多项分布形式，β 是 Dirichlet 的参数；因此，对于所在文章中的第 n 个词，首先随机撷取这篇文章的其中一个主题，再随机撷取该主题的其中一个词。直到 m 篇文章全部完成上述过程，就可终止这个过程。

二、样本库构建

词袋模型（bag of word）构成了 LDA 主题模型的核心思想，因此借助词袋模型分析文档主题时，不需要考虑该文档中的词汇出现的顺序，主要是关注这个词是否出现在我们收集的文本中。更直观的是，从这个名词本身来解释，用具体一种颜色的小球代表一个词语，小球有放回地从装有所有词汇的袋子中抽取就是句子的产生流程。更通俗的解释是：词袋模型中的"我 ※ 你"等同于"你 ※ 我"。这种模型可能会忽略中文的语义信息，因此产生了 N-gram 模型，这是一种考虑词汇出现顺序的模型，模型假设句子 S 由 k 个特征项构成，即 $S=(w_1, w_2, w_3, \cdots, w_k)$，一个特征项出现的概率仅与前 $k-1$ 项的概率相关，通过词向量的形式保留了文档中的语义信息，解决了词模型存在的问题。由此可见，模型的选择对于主题分析的结果是十分重要的，因此，为了合理、有效、准确地构建生态文本样本库，文本选择 N-gram 模型。

第二节 数据来源与参数设置

一、数据来源

本书选取影响我国西部地区的生态补偿政策的文本作为样本库，深度挖掘文本主题要素，以国家部委及民族自治区、自治州、自治县发布的生态补偿政策、条例、规范、方案等为研究对象进行 LDA 主题模型分析。在政策文本的获取上，在北大法宝、国务院、西部地区政府官网等网站以"生态补偿"为关键字进行检索，检索时间为 2000 年到 2021 年，共计检索到国务院、国家发改委层面的政策文本 24 个，包括了西藏、新疆、宁夏、内蒙古、广西 5 个自治区各项相关政策文本 172 条，昌吉、楚雄、文山、黔南、湘西、伊犁等 11 个民族自治州，以及白沙、道真、宽城等 38 个民族自治县的相关补偿制度、政策建议、新闻报道等 289 条，通过人工剔除交叉较少的政策文本，最终得到规章、公告、建议等合计 350 余份政策文本，文本时限为 2000 年至 2021 年底，这与我国生态补偿制度建设演变历程相吻合。

政策文本的剔除原则为：①相关性，即文本内容是生态补偿政策方面的；②规范性，即选取文本是地方性条例、地方政府规章、地方规范性文件和地方工作文件等效力级别，国务院以及西部地区的地方政府颁发的政策文本，不涵盖行政许可批复。

表 5-1 政策文本内容来源统计表

政策层面	政策来源	政策内容
中央人民政府	国务院	《国务院关于印发矿产资源权益金制度改革方案的通知》

政策层面	政策来源	政策内容
中央人民政府	国家发改委、自然资源部、财政部、生态环境部、水利部、国家林草局	《建立市场化、多元化生态保护补偿机制行动计划》 《对矿产资源开发进行整合的意见》 《国务院办公厅关于健全生态保护补偿机制的意见》 《生态补偿保护条例》 ……
民族自治区	广西壮族自治区、内蒙古自治区、西藏自治区、新疆维吾尔自治区、宁夏回族自治区	《广西壮族自治区人民政府办公厅关于健全生态保护补偿机制的实施意见》 《重点流域断面水质污染补偿办法》 《内蒙古自治区国家公园管理评估规范》 《宁夏回族自治区生态环境领域财政事权和支出责任划分改革实施方案》 《西藏自治区人民政府办公厅关于健全生态保护补偿机制的实施意见》 《西藏自治区财政厅 西藏自治区林业和草原局关于做好森林生态效益补偿工作的通知》 《新疆维吾尔自治区关于健全生态保护补偿机制的实施意见》 ……
民族自治州	吉昌回族自治州、楚雄彝族自治州、恩施土家苗族自治州、海西蒙古族藏族自治州、克孜勒苏柯尔克孜自治州、黔南布依族苗族自治州、黔西南布依族苗族自治州、文山壮族苗族自治州、西双版纳傣族自治州、湘西土家族苗族自治州、伊犁哈萨克自治州等	《自治州生态补偿扶贫工程工作方案》 《楚雄州人民政府办公室关于健全生态保护补偿机制的实施意见》 《恩施州环境空气质量生态补偿暂行办法》 《海西蒙古族藏族自治州矿产资源管理条例》 《自治州生态环境损害赔偿制度改革实施方案》 《省人民政府关于支持黔南自治州加快推进绿色发展建设生态之州的意见》 《黔西南州林地占补平衡管理办法（试行）》 ……

续表

政策层面	政策来源	政策内容
民族自治县	白沙黎族自治县、保亭黎族苗族自治县、互助土族自治县、和布克赛尔蒙古自治县、桓仁满族自治县、景宁畲族自治县、天祝藏族自治县、肃南裕固族自治县、酉阳土家族苗族自治县、元江哈尼族彝族傣族自治县等	主要体现为政府工作报告中生态环境保护、资源开发、生态补偿等内容篇幅的摘抄，生态环境脱贫攻坚工作布署，生态补偿新闻报道内容摘抄等

数据来源：国家部委官网、各西部地区官网及权威媒体报道等。

基于选取的 350 份涉及西部地区生态补偿的政策文本，合并各个梯次的政策文本，中文分词可运用 Python 环境中的工具包 jieba 进行，将百度停用词表、哈工大停用词表以及部分政策特征停用词融会贯通进行停用词处理，遂组建立可分析的政策文本样本库。

二、LDA 主题模型参数设置

（一）参数设置

LDA 模型中提炼的主题数目（num_topics）是一个重要参数，关乎着模型效能的优劣。如果提取的主题数过少，文本数据的描述能力会降低；反之，主题的意义会因为提取的主题数目过多而降低，同时模型训练时间大幅度增加，不利于计算。因此，确定关键主题的合理数目直接影响模型的效果。目前主题数目的确定主要根据经验设定以及 gensim 模块下 LDA 模型自带的基于困惑度（perplexity）的计算方法。

经验设定由研究人员根据主观经验拟定一个主题数目，然后通过反复测试来确定最佳主题数目的一种方法。这种方式虽然主观性很强且要求研究人员有丰富的经验，但是应用简单使其具有较强的实用价值，因此成了大多数研究者采用的一种方法。在信息论中，一个模型的优劣程度可以用困惑度（perplexity）来预估或衡量。在 LDA 模型中，困惑度就是文章 d 中模型隶属于文档 d 的模糊度，这个模糊隶属度就是困惑度。困惑度越低，聚类的效果越好。

LDA 主题模型还包含两个重要的超参数 α 和 β。超参数 α 反映了文档在每个主题中的分布程度，分布平滑与 α 值及每个主题的文档分布的均衡度均呈正相关，而 α 的值与 k 的值相关。β 可以反映每个主题的词汇分布，通常与语料库中词汇数量 W 相关。根据 Asunction 等人的研究，推荐参数 $\alpha=50/k$，$\beta=200/W$；Griffths 根据经验认为合理的参数设置为 $\alpha=50/k$，$\beta=0.01$。

（二）LDA 模型可视化

LDAvis 的可视化形式需要重点解答三个方面的问题：①每个主题的概念怎样界定？②每个主题的强度如何？③相关程度在不同模型间如何体现？为了合理解答述问题，LDAvis 的可视化结果通常由两个部分组成：体现主题模型的全局视图，在左侧表示，问题②和问题③可以由全局视图给予解答，即关联性存在于主题的强度和不同主题之间。在全局视图中，圆圈表示每个主题，主题距离则表示的是圆圈中心的间距，距离可以通过计算获得，并且通过多维度缩放的方式以二维视图呈现。主题强度则是通过 LDAvis 的圆圈大小表示，并给出主题强弱的排序。LDAvis 的第二部分则在右侧显示，通过条形图对相关主题进行描述，界定了主题概念，回应了问题①。文本信息中的关键主题词出现频率可以通过条形图的长短显示，最后通过左右视图很好地呈现出关键主题挖掘的全局效果。利用 LDAvis 特有的动态性，很好地呈现了关键主题的界定以及发生的频次，高效地表达了 LDA 主题挖掘过程中的主题—词关系。因此，本章研究借助 LDAvis 技术预测的可视化功能，选择 LDAvis 中的全局视图作为本研究主题模型的可视化结果，选择合适数量的相关词，通过左右侧可视化主题词的分布，在充分结合生态补偿政策实施的特点，对每个关键主题的含义进行概况描述的基础上，形成了生态补偿政策的关键主题因素。

第三节 研究过程与结果分析

根据前文对生态补偿政策历史演变过程的分析结果，本研究将涉及西部地区的生态补偿政策文本的主题挖掘分析分为四个阶段。在对生态补偿政策相关影响指标数据进行主题识别时，结合以往技术分析的经验，认为 LDA 主题模型中的最大主题数不应超过 10。经过测试，1999—2003年数据子集的最优主题数为 3，2004—2011 年数据子集的最优主题数为8，2012—2018 年数据子集的最优主题数为 10，2019—2021 年数据子集的最优主题数为 10。

第一阶段（萌芽阶段）主题分布（1999—2003 年）：主题模型结果如图 5-2 所示，主题词分布表如表 5-2 所示。

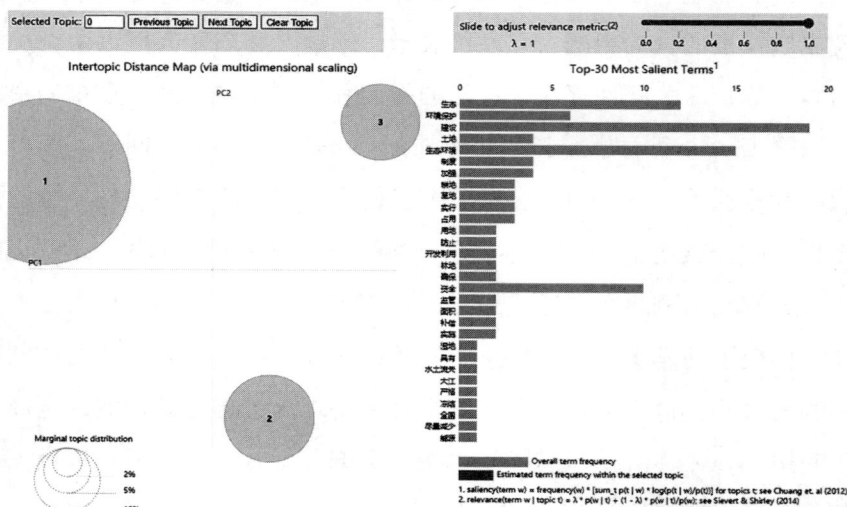

图 5-2 1999—2003 年主题模型结果

表 5-2 政策萌芽阶段关键主题词分布表

关键主题 1	关键主题 2	关键主题 3
建设	生态	土地
生态环境	环境保护	加强
资金	用地	制度
投入	防止	耕地
国家	开发利用	草地
安排	林地	实行
地方	确保	占用
保护	水土流失	监管
筹措	湿地	面积
用于	具有	补偿

在表 5-2 中，本研究对 1999—2003 年各主题含义识别如下：关键主题 1，即生态环境资金筹集；关键主题 2，即生态用地开发与保护；关键主题 3，即生态用地监管及补偿。

第二阶段（起步阶段）主题分布（2004—2011 年），主题模型结果如图 5-3 所示，主题词分布表如表 5-3 所示：

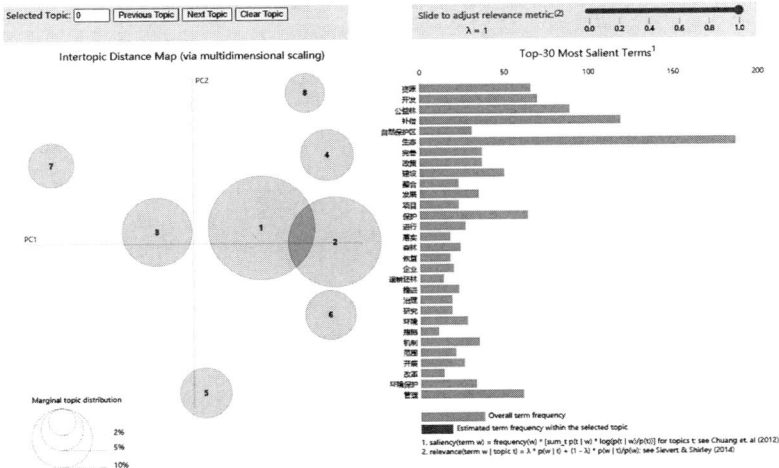

图 5-3 2004—2011 年主题模型结果

表5-3 政策起步阶段主题词分布表

关键主题1	关键主题2	关键主题3	关键主题4	关键主题5	关键主题6	关键主题7	关键主题8
生态	自然保护区	整合	政策	公益林	资源	补偿	发展
保护	项目	进行	完善	生态	开发	生态	入股
建设	措施	矿产资源	退耕还林	补偿	经济	森林	环境保护
加强	落实	矿山	改革	管理	机制	环境	煤炭
开发	恢复	部门	推进	办公室	生态	范围	管理
建立	补偿	矿业权	发展	管护	保护	研究	机制
碳汇	国务院办公厅	地方	企业	面积	人民政府	开展	完善
开展	评价	不得	产业	申请	使用	生态效益	企业
提高	采取	审批	增收	集体	进一步	工程	基金
环境保护	建设	依法	国家	工作	工作	落实	重点

在表5-3中，本研究对2004—2011年各主题含义识别如下：关键主题1，即生态环境基础设施建设；关键主题2，即生态环境恢复补偿评价；关键主题3，即矿产资源权益问题；关键主题4，即政策改革与产业发展；关键主题5，即生态补偿与管理；关键主题6，即资源开发与生态补偿；关键主题7，即生态环境效益补偿；关键主题8，即生态补偿资金管理。

第三阶段（完善阶段）主题分布（2012—2018年）：主题模型结果如图5-4所示，主题词分布表如表5-4所示。

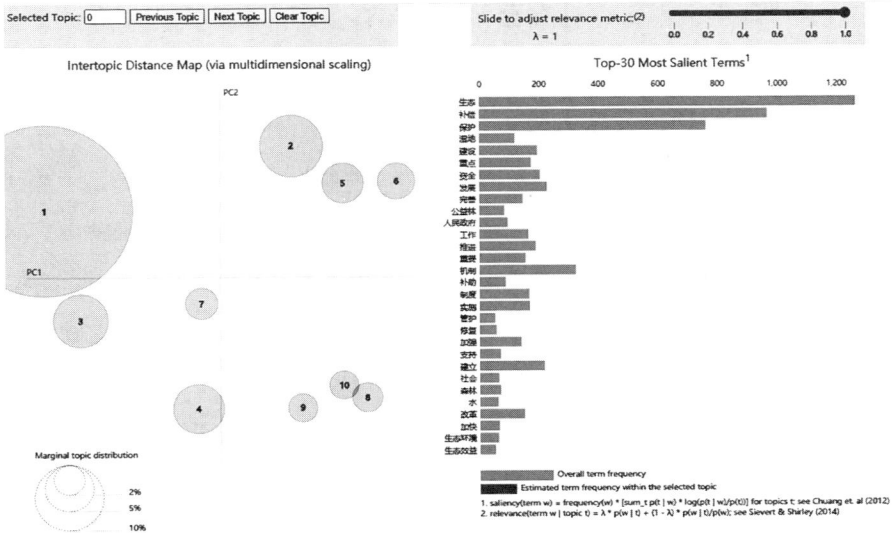

图 5-4　2012-2018 年主题模型结果

表 5-4　政策完善阶段主题词分布表

关键主题 1	关键主题 2	关键主题 3	关键主题 4	关键主题 5	关键主题 6	关键主题 7	关键主题 8	关键主题 9	关键主题 10
生态	生态	公益林	人民政府	经济	补偿	湿地	资金	生态	制度
补偿	补偿	补偿	建设	建设	生态	印发	直补	补偿	推进
保护	工作	管护	养殖	加快	水	工作	实施	保护	国家
机制	脱贫	补助	严格	发展	机制	绿色	生态效益	修复	改革
发展	扶贫	生态效益	安排	推进	水资源	修复	乡	重点	资源
建立	项目	管理	渔业水域	退耕还林	流域	方案	生态	完善	权益
重点	人	森林	发展	文明	建立	人民政府	乡镇	重要	矿产资源
推进	资金	国家级	意见	示范区	工作	政府	年度	生态环境	实施
建设	户	集体	污染	环保局	环境	公园办公室	范围	措施	矿业权
重要	草原	兑现	实施	生态	意见		森林	水域	收益

在表5-4中，本研究对2012—2018年各主题含义识别如下：关键主题1，即生态机制建设；关键主题2，即生态与精准扶贫；关键主题3，即生态补偿效益管理；关键主题4，即生态补偿与环境治理；关键主题5，即生态文明示范区建设工程；关键主题6，即政府参与生态修复；关键主题7，即生态环境效益补偿；关键主题8，即生态补偿资金效益管理；关键主题9，即生态环境修复措施；关键主题10，即矿产资源开发制度改革。

第四阶段（优化提升阶段）主题分布（2019—2021年）：主题模型结果如图5-5所示，主题词分布表如表5-5所示。

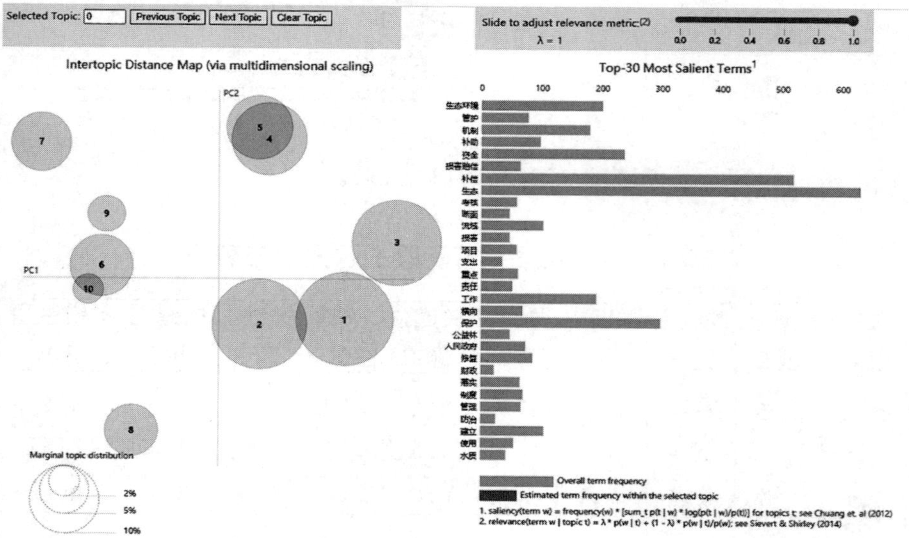

图 5-5 2019—2021 年主题模型结果

表5-5 政策优化提升阶段主题词分布表

关键主题1	关键主题2	关键主题3	关键主题4	关键主题5	关键主题6	关键主题7	关键主题8	关键主题9	关键主题10
生态环境	生态	生态	生态	生态	财政	管护	补偿	补偿	资金
损害赔偿	补偿	保护	机制	项目	领域	资金	人民政府	考核	项目
工作	工作	补偿	补偿	建设	责任	补助	落实	资金	防治

续表

关键主题1	关键主题2	关键主题3	关键主题4	关键主题5	关键主题6	关键主题7	关键主题8	关键主题9	关键主题10
损害	保护	机制	保护	贫困户	防治	支出	资金	断面	管控
修复	补助	发展	流域	扶贫	县域	补偿	生态	流域	单位
制度	国家	建设	建立	补偿	重点	公益林	厅	横向	空气质量
部门	综合	制度	资金	脱贫	市县	管理	生态效益	水质	大气污染
相关	资金	建立	横向	草原	空间	使用	工作	生态	采购
负责	标准	推进	推进	参与	自然资源	用于	分别	县市	大气
环境	试点	完善	建设	建档立卡	国土	护林员	牵头	人民政府	计划

在表5-5中，本研究对2019—2021年各主题含义识别如下：关键主题1，即生态损害赔偿制度；关键主题2，即生态补偿标准；关键主题3，即生态补偿机制建设；关键主题4，即流域及横向生态补偿；关键主题5，即生态补偿与脱贫；关键主题6，即重点区域生态补偿；关键主题7，即生态补偿资金管理；关键主题8，即生态补偿效益；关键主题9，即生态补偿实施主体及实施领域；关键主题10，即环境污染与生态环境防治。

第四节　多阶段生态补偿政策关键主题演化研究

前文梳理了生态补偿政策发展的四个阶段，完成31个关键主题模型分析。在此基础上，通过余弦相似度算法计算四个阶段的关键主题之间的相似度，不同关键主题之间的演化关系得到准确呈现，关键主题的可视化结果通过技术预测构建形成。

本研究通过余弦相似度算法计算对不同主题之间的相似度，获得了关键主题之间的演化关系。研究将关系判定阈值设置为0.5，主要是依照经验和相似度矩阵结果，可以判定两个关键主题之间存在演化关系。为了提升关键主题相似度计算能力，研究将关键主题相似度计算的范围设定为每个关键主题中最相关的 30 个词汇。经过计算，得到关键主题之间关系的矩阵如下。

第一阶段与第二阶段主题关系矩阵如表 5-6 所示。

表 5-6　第一阶段与第二阶段主题关系矩阵

主题	1	2	3	4	5	6	7	8
1	1	1	0	0	1	0	0	0
2	0	0	0	1	0	1	0	0
3	1	0	0	0	1	0	0	0

表 5-6 中行、列两个主题之间具有演进机制时用数值"1"表示，行、列两个主题之间不具有演进机制时用数值"0"表示。在表 5-6 中，横向为第二阶段主题，纵向为第一阶段主题，通过分析可知：第二阶段关键主题 1、关键主题 2 和关键主题 5 与第一阶段关键主题 1 之间存在演化关系，第二阶段关键主题 4 与关键主题 6 与第一阶段关键主题 2 存在演化关系，第二阶段关键主题 1 和关键主题 5 与第一阶段关键主题 3 存在演化关系。

第二阶段与第三阶段主题关系矩阵如表 5-7 所示。

表 5-7　第二阶段与第三阶段主题关系矩阵

主题	1	2	3	4	5	6	7	8	9	10
1	1	0	0	0	0	0	0	0	0	0
2	0	0	0	0	0	1	0	0	0	0
3	0	0	0	1	0	0	0	0	0	0
4	0	0	0	0	1	0	0	0	0	0
5	0	0	1	0	0	0	0	0	0	0
6	0	0	0	0	0	0	1	0	0	0
7	1	0	0	0	0	0	0	0	0	0
8	0	1	0	0	0	0	0	0	0	0

表 5-7 中，横向是第三阶段主题，纵向为第二阶段主题，通过分析可知：第三阶段的关键主题 1 与第二阶段的关键主题 1 存在演化关系，

第三阶段关键主题 6 与第二阶段关键主题 2 存在演化关系，第三阶段关键主题 4 与第二阶段关键主题 3 存在演化关系，第三阶段关键主题 5 与第二阶段关键主题 4 存在演化关系，第三阶段关键主题 3 与第二阶段关键主题 5 存在演化关系，第三阶段关键主题 7 与第二阶段关键主题 6 存在演化关系，第三阶段关键主题 1 与第二阶段关键主题 7 存在演化关系，第三阶段关键主题 2 与第二阶段关键主题 8 存在演化关系。

第三阶段与第四阶段主题关系矩阵如表 5-8 所示。

表 5-8　第三阶段与第四阶段主题关系矩阵

主题	1	2	3	4	5	6	7	8	9	10
1	1	0	0	0	0	0	0	0	0	0
2	0	0	0	0	0	0	0	1	0	0
3	0	0	0	0	1	0	0	0	0	0
4	0	0	1	0	0	0	0	0	0	0
5	0	0	0	1	0	1	0	0	0	0
6	0	1	0	0	0	0	1	0	0	0
7	1	0	0	0	0	0	0	0	0	0
8	0	0	0	0	0	0	0	0	0	0
9	0	0	0	0	0	0	0	0	0	0
10	0	0	1	0	0	0	0	0	0	0

表 5-8 中，横向为第四阶段主题，纵向为第三阶段主题，通过分析可知，存在如下演化关系：第四阶段关键主题 1 与第三阶段关键主题 1 存在演化关系，第四阶段关键主题 8 与第三阶段关键主题 2 存在演化关系，第四阶段关键主题 5 与第三阶段关键主题 3 存在演化关系，第四阶段关键主题 3 与第三阶段关键主题 4 存在演化关系，第四阶段关键主题 4 和关键主题 6 与第三阶段关键主题 5 存在演化关系，第四阶段关键主题 2 和关键主题 7 与第三阶段关键主题 6 存在演化关系，第四阶段关键主题 1 与第三阶段关键主题 7 存在演化关系，第四阶段关键主题与第三阶段关键主题 8 和关键主题 9 不存在演化关系，第四阶段关键主题 3 与第三阶段关键主题 10 存在演化关系。

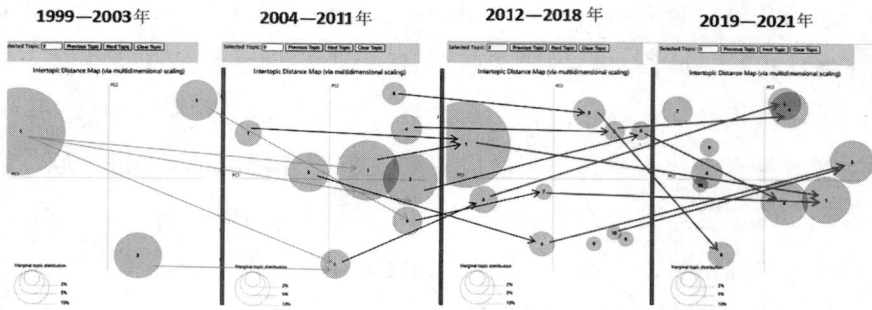

| 1999—2003 年 | 2004—2011 年 | 2012—2018 年 | 2019—2021 年 |

图 5-6　生态补偿政策领域焦点预测可视化结果图

图 5-6 描绘了生态补偿政策研究领域 1999—2021 年的研究焦点发展态势，如下应用主题强度和主题延续性指标对结果进行解读。

第四阶段的关键主题 1—生态损害赔偿制度、关键主题 3—生态补偿机制建设、关键主题 5—生态补偿与脱贫，其主题强度高，主题研究延续性好。

热点主题为关键主题 2—生态补偿标准、关键主题 4—流域及横向生态补偿、关键主题 8—生态补偿效益，主题强度高，但主题研究延续性差。该特点符合目前生态补偿研究现状，生态补偿研究更加聚焦细分领域，从定性研究向定量研究转变。

因此，研究分析结果显示，关键主题 1—生态损害赔偿制度、关键主题 3—生态补偿机制建设、关键主题 5—生态补偿与脱贫，将成为生态补偿领域研究需要高度关注的问题，在未来很长时间内依然是研究的主流方向，需要持续关注和投入研究资源；关键主题 2—生态补偿标准、关键主题 4—流域及横向生态补偿、关键主题 8—生态补偿效益，在未来短时间内将作为本领域研究的焦点和亟待解决的问题，针对生态补偿综合研究具有前瞻性和热点性的主题，要抓住机遇，加大研发的投入；关键主题 6—重点区域生态补偿、关键主题 7—生态补偿资金管理、关键主题 9—生态补偿实施主体及实施领域、关键主题 10—环境污染与生态环境防治等主题目前延续性较差，研究积累不足，暂时不需要太多的关注，可以将有限的时间和资源投入影响生态补偿政策的关键环节，论证分析关键主题、关键因素在生态补偿政策实施中的重要影响，并考虑政策执行的针对性和实效性，有的放矢，增强政策的宏观调控能力。

第五节　本章小结

本章选取影响我国西部地区生态补偿政策的文本作为语料库，深度挖掘文本主题要素，以中央人民政府及西部地区各级党委政府发布的生态补偿政策、条例、规范、方案等对研究对象进行 LDA 主题模型分析。结果显示，生态补偿政策中关于生态损害赔偿制度、生态补偿机制建设、生态补偿与脱贫的研究将成为生态补偿领域需要高度关注的问题，在未来很长时间内依然是研究的主流方向，需要持续关注和投入研究资源；生态补偿标准、流域及横向生态补偿、生态补偿效益，在未来短时间内将作为本领域研究的焦点和亟待解决的问题；对生态补偿综合研究具有前瞻性和热点性的主题，要抓住机遇，加大研发的投入；重点区域生态补偿、生态补偿资金管理、生态补偿实施主体及实施领域、环境污染与生态环境防治等主题目前延续性较差，研究积累不足，暂时不需要太多的关注。因此，未来生态补偿政策的制定和完善，需要重点考虑政策影响的关键主题，抓住关键因素，合理设计并完善生态补偿政策制度，充分考虑政策执行的针对性和实效性，有的放矢，增强政策的宏观调控能力。

第六章　西部地区矿产资源开发生态补偿效益综合评价研究

通过梳理学者对生态补偿的系统研究及实践，本研究发现生态补偿综合效益的评判与经济效益、社会效益、生态环境效益和文化效益是紧密相关的，实施生态补偿效益综合评价，就必须立足以上四个维度所构建的指标体系。本书在研究方法选取上，从定量分析出发，构建评价指标体系，开展基于西部地区生态补偿效益综合评价的推导论证。

第一节　理论模型构建

一、VIKOR-AISM 模型设计

（一）VIKOR 决策模型

VIKOR 是一种排序方法，妥协状态下的排序结果可以通过妥协解，采取最小化个体遗憾值和最大化群体效用贴近度方式得到。具体的研究思路是：

$$O \xrightarrow{\text{规范化}} N \xrightarrow{\text{最小化个体遗憾值公式和最大化群体效用}} \{S \mid R\} \xrightarrow{\text{妥协解公式}} Q$$

上述研究过程显示，评价对象最大化群体效用即一列数值 S，评价对象的个体遗憾值为数值 R；其中 O 为原始矩阵，N 为归一化矩阵。对于 S 与 R 都是负向指标，即 S、R 的数值越小越好，数值越大越差。

由归一化矩阵到 S 列与 R 列，分别通过下列两个通式得到：

$$S_i = \sum_{j=1}^{m} \omega_j \frac{F[d(f_j^-, \ f_{ij}), \ d(f_j^+, \ f_{ij})]}{d(f_j^+, \ f_j^-)} \tag{6-1}$$

$$R_i = \max_j \left(\omega_j \frac{F[d(f_j^-, \ f_{ij}), \ d(f_j^+, \ f_{ij})]}{d(f_j^+, \ f_j^-)} \right) \tag{6-2}$$

通式（6-1）和（6-2）中的 ω_j 是各列权重值，正、负理想解由 f_j^+，f_j^- 分别对应表示。

Q 为一列数值，是评价对象妥协值，由 S 与 R 分析得到。

1. 原始矩阵

原始矩阵记作 $O=[o]_{n \cdot m}$，其中 n 代表行，m 代表列，即一个 n 行 m 列的矩阵，如表 6-1 所示。

表 6-1　原始矩阵 O

$O_{n \cdot m}$	1	2	$\cdots$	$m-1$	m
1	o_{11}	o_{12}	$\cdots$	$o_{1(m-1)}$	o_{1m}
2	o_{21}	o_{22}	$\cdots$	$o_{2(m-1)}$	o_{2m}
3	o_{31}	o_{32}	$\cdots$	$o_{3(m-1)}$	o_{3m}
$\vdots$	$\vdots$	$\vdots$	$\vdots$	$\vdots$	$\vdots$
n	o_{n1}	o_{n2}	$\cdots$	$o_{n(m-1)}$	o_{nm}

具备同样的属性和量纲是原始矩阵每一列属性的体现。如果是列向量属性为非数值型，则需要将该列向量处理为数值型向量。比如定性评价中对于重要程度的划分，一般记作不重要、一般重要、非常重要，数值转化为百分、十分或者五分，抑或用其他的值来代替，这样就实现了模糊运算转化的效果。从每一列数值的类型和特征去评判取值大小及其表示的优劣程度，如表 6-2 所示。

表 6-2 评价指标类型特征表

类型	特征
正向指标	数值越小越差，数值越大越好
负向指标	数值越小越好，数值越大越差
区间	数值离某区段越小越好，离某区段越大越差

2. 实施矩阵规范化处理的目的和方法

规范化矩阵记作 $N=[n]_{n \times m}$，对于矩阵中的任意值 $n_{ij} \in [0,1]$，规范化处理的目的就是对指标的性质及每列指标实现无量纲化，使其同时为正值或者负值。

无量纲化（dimensionless/nondimensionalize）的内涵是实现无法用同样量纲比较的数据通过共同的中间变量进行转化并表示，使其可以用作比较分析，消除量纲带来的差异化，达到评价指标值的相对转化，是目前科学研究的恰当处理方式，也使数据规范化处理思想得到很好的体现[1]。

$$O \xrightarrow{\text{无量纲化}} O' \cdots O'' \xrightarrow{\text{归一化}} N$$

原始数据借助无量纲化处理找到了合适的变量替代，消除了差异，将指标的绝对值变成相对值，最终实现归一化矩阵 N 的构建，并且保证了每一列的序方向都呈现正向或者负向的特征。目前有很多可以采用的归一化方法，常见的如表 6-3 所示。

表 6-3 常见的归一化方法公式列表

方法名称	正向指标归一化公式	负向指标归一化公式
均值标准化	$\dfrac{x - \mu}{\sigma}$	$\dfrac{\mu - x}{\sigma}$
反三角函数	$n_{ij} = \dfrac{2 \times \arctan(O_{ij})}{\pi}$	$n_{ij} = 1 - \dfrac{2 \times \arctan(O_{ij})}{\pi}$
Logistics 函数	$n_{ij} = \dfrac{1}{1 + e^{-O_{ij}}}$	$n_{ij} = 1 - \dfrac{1}{1 + e^{-O_{ij}}}$

续表

方法名称	正向指标归一化公式	负向指标归一化公式
极差法	$n_{ij} = \dfrac{O_{ij} - \min\limits_{1 \leq i \leq n}(O_{ij})}{\max\limits_{1 \leq i \leq n}(O_{ij}) - \min\limits_{1 \leq i \leq n}(O_{ij})}$	$n_{ij} = \dfrac{\max\limits_{1 \leq i \leq n}(O_{ij}) - O_{ij}}{\max\limits_{1 \leq i \leq n}(O_{ij}) - \min\limits_{1 \leq i \leq n}(O_{ij})}$
对数压缩数据法	$n_{ij} = \dfrac{\lg(O_{ij})}{\lg(\max(O_{ij}))}$	$n_{ij} = 1 - \dfrac{\lg(O_{ij})}{\lg(\max(O_{ij}))}$

因为数据之间的离散程度在极差法中体现得最明显，为使计算简便，且适用于数据差异不大的情况，本书选用级差法处理原始矩阵。

3. 正负理想点与正负理想解

归一化矩阵中每列的最大值与最小值包含在正负理想点表示的集合中，分别对应为 Zone$^-$ 为负理想点，Zone$^+$ 为正理想点：

$$\text{Zone}^- = (z_1^-, \ z_2^-, \ z_3^-, \ \cdots, \ z_m^-),\ \text{有}\ z_j^- = \max(n_{ij}),\ n_{ij} \in \boldsymbol{N},\ 0 \leq i \leq n$$

$$\text{Zone}^+ = (z_1^+, \ z_2^+, \ z_3^+, \ \cdots, \ z_m^+),\ \text{有}\ z_j^+ = \max(n_{ij}),\ n_{ij} \in \boldsymbol{N},\ 0 \leq i \leq n$$

当归一化采用极差法时，0 可以视为全部负理想解的值，1 可以视为全部正理想解的值。这个时候，正负理想点形成只有一行的矩阵：

$$\text{Zone}^+ = [\ z^+\ ]_{1 \times m} \qquad \text{Zone}^- = [\ z^-\ ]_{1 \times m}$$

4. 权重的计算

由于权重是评价体系重要的参数，其在评价中起着非常重要的作用。将现有权重的计算方法梳理为两大类型，即主观赋权法与客观赋权法。确定权重时，通常会带有一定的主观色彩，因此权重参数的分配在不同的方法下会产生差异，权重的分配也会因此具有很大的不确定性，有可能导致最终评价结果的不同。因此在实际的评价工作中，应当通过参考相关可靠文献等途径，解释方法选择的必要性和针对性。由于不同的权重选择方法会给计算结果带来很大的差异，因此需要综合考虑该方法的选取和运用。常见的赋权方法如表 6-4 所示。

表 6-4 常见的赋权方法列表

名称	简写	类型
变异系数法（coefficient of variation）	COV	客观
熵权法（the entropy weight method）	EWM	客观
网络分析法（analytic network process）	ANP	主观
复相关系数法（multiple correlation coefficient）	MCC	客观
反熵权法（the anti-entropy weight method）	anti-EWM	客观
主成分分析法（principal component analysis）	PCA	客观
CRITIC 法（criteria importance though intercrieria correlation）	CRITIC	客观
层次分析法（the analytic hierarchy process）	AHP	主观
因子分析权数法（factor analysis weight method）	FAM	客观

5. 妥协解

妥协解 Q 是由 S 与 R 得到的一列数值，代表评价对象的妥协值。Q 因为具有负向特征，数值越大越差，数值越小越好。通过下面算式（6-3），计算妥协解得到 Q 值：

$$Q_i = (1-k)\left(\frac{S_i - \min(S_i)}{\max(S_i) - \min(S_i)}\right) + k\left(\frac{R_i - \min(R_i)}{\max(R_i) - \min(R_i)}\right) \qquad (6-3)$$

（二）AISM 对抗解释结构模型

AISM 模型来自 ISM 解释结构模型与 HDT 哈斯图，主要通过 ISM 的层级划分运算，在反向抽取的方式下形成有向的拓扑图，大致的运算思路及过程如下所示：

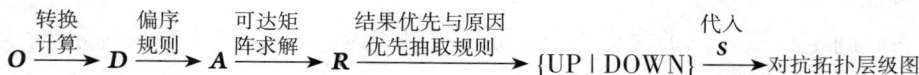

$$O \xrightarrow[\text{计算}]{\text{转换}} D \xrightarrow[\text{规则}]{\text{偏序}} A \xrightarrow[\text{阵求解}]{\text{可达矩}} R \xrightarrow[\text{优先抽取规则}]{\text{结果优先与原因}} \{UP \mid DOWN\} \xrightarrow{S}{\text{代入}} 对抗拓扑层级图$$

其中，D 代表决策矩阵，A 代表关系矩阵，R 代表可达矩阵，S 代表一般性骨架矩阵。通过矩阵的夹逼过程实现评价决策，整个评价决策最终将一个活动可拓变的系统转变为一个完全刚性的系统，达到最终评价决策目标。

决策评价矩阵 $D=[d]_{n*m}$，其中 n 是评价对象，m 是准则或目标，且优劣可比性充分体现在数据的每个维度中。

A 是布尔方阵形式的关系矩阵，即 $A=[a]_{n \cdot n}$，其中 n 代表的是评价对象。评价矩阵 D 通过偏序规则获得关系矩阵 A。对于决策矩阵 D 中的任意两个评价对象（x，y），可以视为负向指标 $d_{(x, n1)} \geqslant d_{(y, n1)}$，$d_{(x, n2)} \geqslant d_{(y, n2)}$，$\cdots$，$d_{(x, nm)} \geqslant d_{(y, nm)}$，同时所有的正向指标有 $d_{(x, p1)} \geqslant d_{(y, p1)}$，$d_{(x, p1)} \geqslant d_{(y, p1)}$，$\cdots$，$d_{(x, pm)} \geqslant d_{(y, pm)}$。其中 x 与 y 的偏序关系记作：$PS_{(x \rightarrow y)}$。

$PS_{(x \rightarrow y)}$ 的意义为 y 要素优于 x 要素。

关系矩阵 A，有 $A=[a]_{n \cdot n}$，以下两种方式中取其中一种表达。其中：

$$a_{xy} = \begin{cases} 1, & \text{当 } PS_{(x \rightarrow y)} \text{ 时} \\ 0, & x \text{ 与 } y \text{ 无完全优劣关系或者 } x \text{ 优于 } y \end{cases}$$

关系矩阵即为可达矩阵，对于关系矩阵 A，转化成相乘矩阵 B：

$$B = A + I \tag{6-4}$$

其中，B 为相乘矩阵，I 为对角线为 1 的布尔方阵。对 B 进行连乘：

$$B^{K-1} \neq B^K = B^{K+1} = R \tag{6-5}$$

其中，R 称为可达矩阵，因此关系矩阵 $A=R$ 是无回路矩阵在通过取偏序后获得的。

通过矩阵的回路形成缩点，对可达矩阵进行缩点处理，得到可达矩阵 R'，然后通过将重复的路径删除的缩边处理方法得到：

$$S' = R' - (R' - I)^2 - I \tag{6-6}$$

R' 进行缩边处理得到骨架矩阵 S'，把回路要素代替回去则可以得一般骨架性矩阵 S。

对于布尔方阵，有可达集合 R，先行集合 Q，共同集合 T，其中 $T = R \cap Q$。以关系矩阵 A 为例，对于其要素 e_i：

e_i 的可达集合记作 $R(e_i)$，代表行值为 1 的所有要素对应该要素；

e_i 的先行集合记作 $Q(e_i)$，代表列值为 1 的所有要素对应该要素；

e_i 的共同集合记作 $T(e_i)$，即 $R(e_i) \cap Q(e_i)$。

UP 型层级图代表结果优先的层级划分，其抽取规则为 $T(e_i) = R(e_i)$。对于无回路的有向图（DAG），可以通过对骨架矩阵中主对角线全部填充 1

操作 **S+I** 得到。在可达集合共同集相同的情况下依次抽取要素，每次抽取形成自上而下的放置顺序。

按照原因优先的 DOWN 型层级进行划分，该图形的抽取规则是 $T(e_i)=Q(e_i)$。该抽取方式是将抽取的要素从下往上放置，与 UP 型层级图截然相反。

对立型的拓扑层级图就是 UP 型和 DOWN 型画法的最大特征，评价对象由关系矩阵中的要素表示，有向线段表示评价对象之间的好坏或优劣，结果越好越在最上层放置，所以产生了帕累托最优效益，即为最上层评价对象，反之，按照从劣到优的方向表示，则将不好的放在最下层。

（三）VIKOR-AISM 联用的意义

基于排序结果的解释就是 VIKOR 与 AISM 联用的基础。VIKOR 方法是先分别基于最大化群体效用 S、最小化个体遗憾值 R 两个排序，表达的形式如下：

$$N \xrightarrow{\text{最大化群体效用公式}} S$$

$$N \xrightarrow{\text{最小化个体遗憾值公式}} S$$

根据偏序规则对决策矩阵开展拓扑运算，构建出最终的拓扑层级图是 AISM 方法的核心，排序的规则可以由层级图得到合理的解释。对于其中 S 和 R 只包含一列的决策矩阵，相应的排序流程如下：

$$N \xrightarrow{\text{最大化群体效用公式}} S \xrightarrow{\text{AISM 运算法则}} S \text{ 的对抗层级拓扑图}$$
$$N \xrightarrow{\text{最大化群体效用公式}} R \xrightarrow{\text{AISM 运算法则}} R \text{ 的对抗层级拓扑图}$$

同理，妥协解 Q 的排序流程为

$$\binom{S}{R} \xrightarrow{\text{妥协解公式}} Q \xrightarrow{\text{AISM 运算法则}} Q \text{ 的对抗层级拓扑图}$$

在有向拓扑层级图中，若某个要素可以处于不同的拓扑层级，则称这个要素为活动要素。具有活动要素的系统被称为可拓变系统，也叫活动系统或拓扑活动系统，不含活动要素的系统称为刚性系统，也叫拓扑刚性系统。

在刚性系统中存在一类完全刚性系统，完全刚性系统具有如下三个特性：

首先，拓扑层级图为直链型表现，且正负向层级图的绘制结果是一样的。

其次，关系矩阵中对角线右上方全为 1，左下方全为 0，所有的要素从小到大排序后形成上三角矩阵的满阵形式，反之逆向排序后则呈下三角矩阵的满阵形式。

最后，优劣或者好坏等表达比较关系的属性，均能在任意两个评价对象中明确获得。

根据上述定义及其特征可知，拓扑层级图在 S、R、Q 中只有 1 列，表现为直链型，称为完全刚性系统。因此，对归一化的矩阵 N 运用不同的公式形变降维后获得 S、R 两个不同的维度，通过夹逼方式呈现出 Q 的完全刚性特点。

VIKOR 方法是有限方案多属性决策的常用方法，它通过最大化群体效益和最小化个体遗憾值，寻找得到一个合理有效的、到理想解距离最短的帕累托最优解——妥协解。将 VIKOR 和 AISM 相结合，既可以获得妥协解优势，又可以将风险不确定情况和决策主体的行为偏好充分反映到决策中。

二、VIKOR-AISM 模型应用流程与步骤

图 6-1 表示的是 VIKOR-AISM 联用的流程，重点讨论妥协解排序问题，分别从通过区段截取和截距方式进行研判分析。

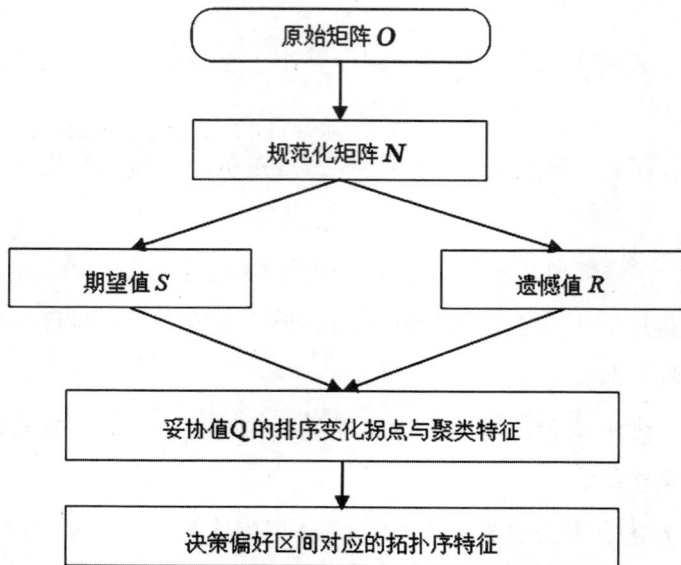

图 6-1　VIKOR-AISM 联用流程图

根据 VIKOR-AISM 联用流程图，开展评价的实施步骤如下：

步骤一：极差法归一化处理原始矩阵

$$O \xrightarrow{\text{无量纲化}} O' \cdots O'' \xrightarrow{\text{归一化}} N$$

无量纲化处理原始数据获得原始矩阵 O，表示为 $O=[o]_{n \times m}$，其中 n 为行，即评价对象；m 为列，即指标属性。原始矩阵需处理得到归一化矩阵 N，记作 $N=[n]_{n \times m}$，矩阵中的任意值记作 $n_{ij} \in [0,1]$。

数据预处理方式会因为不同的无量纲化方法而形成差异，评价结果也会产生差异[2]，指标的实际值与指标的评价值要根据选择的无量纲化公式实现转化，并且可以将它们的对应关系客观地反映出来。因此，确定无量纲的方法需要深入分析研究评价对象的特征，保证 N 测度的一致性。经过比较选择，本书采用极差法进行归一化处理。其实质是采用曼哈顿距离测度方法，即 $d(i, j)=|x_i-x_j|+|y_i-y_j|$（将两点在东西和南北方向的距离求绝对值）。式（6-7）和式（6-8）解释了极差法归一化的过程。

归一化正向指标，令

$$n_{ij} = \frac{O_{ij} - \min(O_{ij})}{\max\limits_{1 \le i \le n}(O_{ij}) - \min\limits_{1 \le i \le n}(O_{ij})}$$ （6-7）

其中，$O_{ij} \in \boldsymbol{O}$，$n_{ij} \in \boldsymbol{N}$。

归一化负向指标，令

$$n_{ij} = \frac{\max\limits_{1 \le i \le n}(O_{ij}) - O_{ij}}{\max\limits_{1 \le i \le n}(O_{ij}) - \min\limits_{1 \le i \le n}(O_{ij})}$$ （6-8）

其中，$O_{ij} \in \boldsymbol{O}$，$n_{ij} \in \boldsymbol{N}$。

其中，$\max\limits_{1 \le i \le n}(O_{ij})$（$i = 1, 2, \cdots, n$）表示第 i 个指标的最大值，$\min\limits_{1 \le i \le n}(O_{ij})$ 表示第 i 个指标的最小值。

矩阵 $\boldsymbol{N}$ 采用不同的公式进行转化，目的是实现所有指标都成为负向或者正向指标，保持序方向的一致性。

步骤二：基于遗憾值和群体效益的排序

在 VIKOR 方法中，有限备选决策方案的最优排序是通过最大化群体效用 S 和最小化个体遗憾值 R 来实现的。第 i 个评价样本所表示的群体效益期望值 S_i，可解释为正理想解与第 i 个评价样本值的加权距离，由式（6-9）计算得到。第 i 个样本第 j 个指标的最小化遗憾值 R_i，可解释为负理想解与第 i 个评价样本第 j 个指标值的加权距离，具体如式（6-10）。S_i 和 R_i 都是负向指标性质的评价值，即 S_i 和 R_i 越小样本评价越好。

$$S_i = \sum_{j=1}^{m} \omega_j \left(\frac{\text{Zone}_j^+ - n_{ij}}{\text{Zone}_j^+ - \text{Zone}_j^-} \right)$$ （6-9）

$$R_i = \max_{j=1} \left(\omega_j \left(\frac{\text{Zone}_j^+ - n_{ij}}{\text{Zone}_j^+ - \text{Zone}_j^-} \right) \right)$$ （6-10）

其中，ω_j 表示权重，Zone^+ 和 Zone^- 分别表示正负极值点。

指标的权重在评价体系中起着至关重要的作用，权重的计算方法有很多，主要分为两种，即主观赋权法与客观赋权法。确定权重时，通常会带有一定的主观色彩，运用不同的方法来确定权重参数的分配，可能会影响权重分配，产生不确定性，从而最终有可能导致评价结果的不同。本书采用熵权法计算权重，熵权法是依据信息论基本原理发展而来的，它是一种常用的求权重的客观赋权方法，其计算方式较为方便。熵权法的核心思路是确定客观权重，其客观权重则是依据指标变异性的大小来确定的。通常来讲，如果某个指标值的权重与变异程度、提供的信息量成正相关关系，变异程度就会随着信息供给的增加而变大，对权重和综合评价影响也会变大。

按照熵权法对归一化矩阵 $N=[x_{ij}]_{n \times m}$ 求权重，具体实施步骤如式（6-11）至式（6-14）。

第一，求第 j 项指标下第 i 个样本值占该指标的比重：

$$\rho_{ij} = \frac{x_{ij}}{\sum_{i=1}^{n} x_{ij}}, \quad (i = 1, 2, 3, \cdots, n; j = 1, 2, 3, \cdots, m) \tag{6-11}$$

第二，计算指标的熵值，明确指标的信息量：

$$e_j = -k \sum_{i=1}^{d} \rho_{ij} \times \ln(\rho_{ij}) \tag{6-12}$$

其中，通常取 $k = \frac{1}{\ln(n)}$，$(0 \leqslant e_j < 1, j = 1, 2, 3, \cdots, m)$。

第三，将熵值逆向化，计算指标的变异度：

$$d_j = 1 - e_j \tag{6-13}$$

第四，求第 j 项指标（列）的权重：

$$\omega_j = \frac{d_j}{\sum_{j=1}^{m} d_j} (j = 1, 2, 3, \cdots, m) \tag{6-14}$$

其中，$k>0$，$0<\rho_{ij}<1$ 且 $\sum_{i=1}^{d} \rho_{ij} = 1$，对于 S、R 的排序方法，通过如下过程呈现：首先，S_i 和 R_i 的评价值均呈现负向性质，即评价样本越优 S_i 和 R_i 的值就越小。通过综合考虑最小化个体遗憾值和最大化群体效用，得到样本的妥协值 Q，因此，妥协值就是通过 S 排序和 R 排序的贴近度按比例分配得到的，在公式

$$Q_i = (1-k)\left(\frac{S_i - \min(S_i)}{\max(S_i) - \min(S_i)}\right) + k\left(\frac{R_i - \min(R_i)}{\max(R_i) - \min(R_i)}\right)$$ 中，$\left(\frac{S_i - \min(S_i)}{\max(S_i) - \min(S_i)}\right)$

为 S_i 的贴近度，$\left(\frac{R_i - \min(R_i)}{\max(R_i) - \min(R_i)}\right)$ 为 R_i 的贴近度。

令 $\Gamma(S_i) = \left(\dfrac{S_i - \min(S_i)}{\max(S_i) - \min(S_i)}\right)$，$\Gamma(R_i) = \left(\dfrac{R_i - \min(R_i)}{\max(R_i) - \min(R_i)}\right)$ 上述推导简写为

$$Q_i = (1-k)\,\Gamma(S_i) + k\Gamma(R_i) \tag{6-15}$$

步骤三：妥协值 Q 的拐点与聚类分析

n 个评价对象在根据妥协值公式计算后，可以绘制出 n 条函数曲线进行表示。笛卡儿坐标上的 x 轴可以表示为 $k \in [0,1]$，y 轴则代表妥协值 Q。其中，$\Gamma(S_i)$ 与 $\Gamma(R_i)$ 针对任何一个评价对象 i 均为常数。因此，Q 是由 k 构成的一次函数，当区间 $k \in [0,1]$ 时呈现出单调函数的特征，从 k 的变化区间可以发现它是一个敏感性参数，可以记作决策机制系数或最大化群体效用权重。通过 k 来权衡 S_i 和 (R_i) 之间的比例，在图形建构上形成了影响排序效果的一个拐点。

拐点的分析：从图形上看，平面坐标上的 n 条单调性曲线被用来刻画 n 个评价对象。由于 $k \in [0,1]$ 是一次函数，交点在曲线间出现的机会仅有一次，因此其被称作拐点，对应平面坐标的横轴。概括起来，对拐点的特征分析总结如下：

①在拐点上，如果 $Q_a = Q_\beta$ 时层级拓扑图表现为存在回路，那么交叉评价对象 (a, β) 必定是具有相同排序值的评价对象。

②排序值会因为拐点的左右移动发生改变，直接影响排序的结果。

③拐点是有限的，可以是 0 个拐点，上限数量表示为 $n(n-1)/2$。

对于 x，y 样本 $\begin{cases} (1-k)a_x + kb_x \\ (1-k)a_y + kb_y \end{cases}$，上述的拐点问题就是两条线段在给定区间范围 $[0,1]$ 内相交问题的探讨，计算其中某个拐点令：

$$Q_i = (1-k)\,a_i + kb_i$$

$$\begin{cases} (1-k)a_x + kb_x \\ (1-k)a_y + kb_y \end{cases}$$

$$(1-k)\,a_x + kb_x = (1-k)\,a_y + kb_y$$

$$a_x - ka_x + kb_x = a_y - ka_y + kb_y$$

$$a_x - a_y = -ka_y + kb_y + ka_x - kb_x$$

$$a_x - a_y = -ka_y + kb_y + ka_x - kb$$

综合计算得到 k 的公式：

$$k = \frac{a_x - a_y}{(a_x - a_y + b_y - b_x)} \tag{6-16}$$

聚类分析：假设有 m 个不为 0 与 1 的拐点存在于 Q 值中，则可以聚类任意相邻拐点值，如 $[0, k_1)(k_1, k_2)\cdots(k_{m-1}, k_m)(k_m, 1]$。其中聚类的区域内其排序结果是一致的，且聚类区域的排序呈现一条直链形，故属于完全刚性系统。

步骤四：决策偏好区间的拓扑序特征推导

研究发现，Q 值排序的前提是需要在特定选择的 k 值之下进行研判分析，但在实际操作过程中会出现以下一些情况：

①k 值的求解无法准确与妥协方式影响程度结合判断；

②不一致，k 值收到不确定的信息分析；

③不确定，k 值会受到不完整的妥协过程影响；

④在保留信息的前提下，k 值会发生信息损耗并表现在数据化简的过程中。

因此，k 值反映的是模糊度或粗糙程度，往往呈现不同的粒度，并可以用区段截取或者区域截取来解释。$[0, 1]$ 的连续区间是 $\mathbf{Q}$ 值区段截取的最大范围。具体的区间求解过程为：

$$\mathbf{Q}=[q]_{n\times\infty} \xrightarrow{\text{聚类特征变化}} \mathbf{Q}=[q]_{n\times(m+2)} \xrightarrow{\text{等价变换}} \mathbf{Q}=[q]_{n\times2} \xrightarrow{\text{AISM 运算}} \text{对抗拓扑层级图}$$

$\mathbf{Q}=[q]_{n\times\infty}$ 的意义为有 n 个评价对象存在于决策矩阵 $\mathbf{Q}$ 中，q 值的组成来源于无穷多个连续 k 值；$\mathbf{Q}=[q]_{n\times(m+2)}$ 的意义为决策矩阵 $\mathbf{Q}$ 中有 n 个评价对象，由于聚类的特征，其中列可以缩减到由 m 个拐点得到的 q 值，以及 $k=0$，$k=1$ 得到的 q 值，总共为 $m+2$ 列组成的决策矩阵；$\mathbf{Q}=[q]_{n\cdot2}$ 的意义为决策矩阵 $\mathbf{Q}$ 中有 n 个评价对象，纳什均衡的均衡解就是由 $k=0$，$k=1$ 得到的两列 q 值组成的。最终通过 AISM 对 $\mathbf{Q}=[q]_{n\times2}$ 进行运算分析，获得了可拓变系统。

在 $\mathbf{Q}$ 取 $[0, 1]$ 连续的区段情况下，获得了 S 与 R 两列组成的决策矩阵：

$$\begin{vmatrix} q_{1k0} & q_{1k1} \\ q_{2k0} & q_{2k1} \\ q_{3k0} & q_{3k1} \\ \vdots & \vdots \\ q_{(n-1)k0} & q_{(n-1)k1} \\ q_{nk0} & q_{nk1} \end{vmatrix} \overset{\text{等价}}{\Longleftrightarrow} \begin{vmatrix} r_1 & s_1 \\ r_2 & s_2 \\ r_3 & s_3 \\ \vdots & \vdots \\ r_{(n-1)} & s_{(n-1)} \\ r_n & s_n \end{vmatrix}$$

对于 **Q** 值的截取在任意区间 [min，max] 有 $0 \leqslant \min \leqslant \max \leqslant 1$，决策矩阵的对抗有向拓扑层级图可由如下方式获得：

$$\begin{vmatrix} q_{1\min} & q_{1\max} \\ q_{2\min} & q_{2\max} \\ q_{3\min} & q_{3\max} \\ \vdots & \vdots \\ q_{(n-1)\min} & q_{(n-1)\max} \\ q_{n\min} & q_{n\max} \end{vmatrix} \xrightarrow{\text{AISM 运算}} \text{对抗有向拓扑层级图}$$

在 k 值为 [min，max] 区间的区段截取情况下，整个过程可以看成从 [0，1] 到 [min，max] 的夹逼过程。其中，0 和 1 分别为 k 值的极值点。其过程为 {0 → min} 与 {max ← 1} 相向夹逼的过程。当 min=max 的特殊时候，整个夹逼过程在点截取（区间截取）情况下，可拓变系统转变为完全刚性系统。

因此，决策区间值 k 的获取必然与决策偏好有重要的关联关系，以上 k 的确定必须有相应方法的支撑，具体支撑方法如下所示：

1. 决策偏好与区间截取的对应关系

不确定条件的存在，导致前景理论认为人们的风险态度会因为个体的心理参考点不同而发生差异；而心理账户理论认为，不同的决策者其决策偏好的产生是其心理账户的不同引起的。因此，即使是同一个问题，在不同决策者手下也会产生不同结果。

由于思维的局限性和模糊性，人们在决策问题更加复杂多变的环境下，会对多方案决策产生犹豫不决的情况。Torra 提出了犹豫模糊集的概念，用于客观反映人们在决策时的犹豫程度。战略性矿产资源开发生态补偿成效的综合性评价决策行为作为一个群体性的决策，可能会同时包含一定的客观性和模糊性，既有确定性的部分也有不确定性的部分，决策偏好的区间可以理解为这些部分的对立统一过程，形成了决策偏好的犹豫选择。决策偏好的区间也可以理解为一个粗糙集区间。k 值区段可以用来表述决策的偏好区间，即 [0，1] 的区段值，是一种妥协程度的体现。因此，研究中的妥协区间就是反映的妥协程度，即对多数群体效益的最大值与个体遗憾的最小值之间的一种关系协调。

2.Delphi 方法的改进

运用 VIKOR–AISM 联用方法，实行客观数据的处理，对从原始矩阵 **O** 到 Q 值的拐点与聚类分析验证分析。由于决策群体认知水平、风险偏好不同，可以运用 k 的取值区段调节，对客观数据处理结果进行决策分析，反映群体评价决策的不同侧重，达到综合调节最大化群体效用和最小化个体遗憾值的目的。因此，我们采用改进的 Delphi 方法来获得群体决策偏好区间，方法流程如图 6–2 所示。

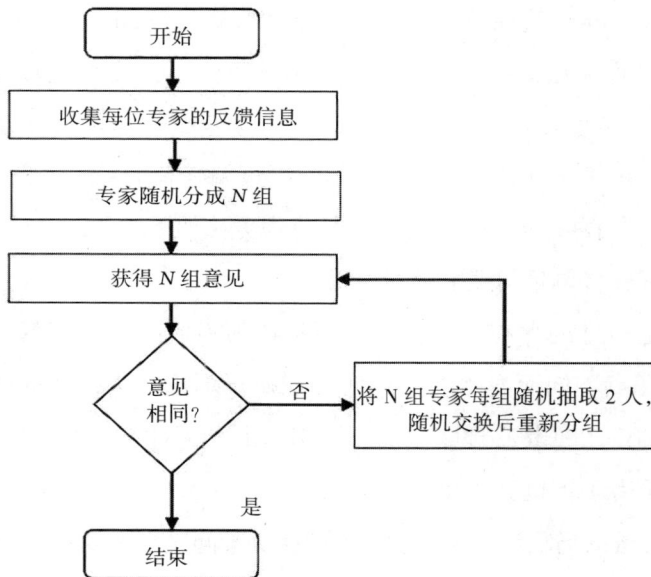

```
            ┌─────────┐
            │   开始   │
            └────┬────┘
                 │
      ┌──────────────────────┐
      │   收集每位专家的反馈信息   │
      └──────────┬───────────┘
                 │
      ┌──────────────────────┐
      │   专家随机分成 N 组       │
      └──────────┬───────────┘
                 │
      ┌──────────────────────┐
      │   获得 N 组意见           │◄──────────┐
      └──────────┬───────────┘            │
                 │                         │
            ◇ 意见相同？ ──否──→ ┌─────────────────────┐
                 │              │ 将 N 组专家每组随机抽取 2 人，│
                 │ 是           │ 随机交换后重新分组          │
            ┌─────────┐         └─────────────────────┘
            │   结束   │
            └─────────┘
```

图 6–2　改进的 Delphi 方法流程

改进后的 Delphi 方法的执行过程包含以下基本程序：第一轮是匿名反馈阶段。在第一轮会议中，主持人将专家发来的判断结果进行匿名统计，提供依据支持第二轮的讨论。第二轮是反馈性统计阶段。根据专家的学术背景分组，根据各组讨论的结果进行统计，组内的不同意见最终形成一致的结论并统计，支持第三轮讨论。第三轮则将各小组专家随机分配到不同小组，继续讨论形成一致的结果，循环反复直到讨论结果达成一致。以上就是对 Delphi 方法的改进，使讨论的结果更具客观一致性，防止个人偏差或者喜好引起赋权的差异，有利于拐点值的选取。

第二节　指标体系构建与数据来源

一、指标体系构建

第四章生态补偿政策实施效果评价研究已经针对生态补偿政策实施效果评价及补偿效益综合评价，在评价指标的选取及指标内涵的描述上，结合目前国内相关研究文献及评价应用研究成果，广泛准确地梳理了满足本书研究需要的各维度指标，拓宽了数据来源，广泛收集了相应的数据资料，该部分指标直接应用于本章节对生态补偿综合效益的评价，不再赘述，具体构建的指标体系如前文所示（表4-1）。

二、样本选取与数据来源

本研究选择的样本基于以下几个方面的考虑：

第一，中国西部地区，本研究重点聚焦内蒙古自治区、广西壮族自治区、重庆市、四川省、贵州省、云南省、西藏自治区、陕西省、甘肃省、青海省、宁夏回族自治区、新疆维吾尔自治区等12个省（区、市），以及内蒙古自治区的呼和浩特市、包头市、锡林郭勒盟、乌兰察布市、鄂尔多斯市和阿拉善盟。截至 2019 年 12 月，土地面积约为 678.16 万平方千米，占全国总面积的 70.6%；人口约为 3.796 亿，占全国总人口的 27.2%。我国西部地区民族众多，涵盖 40 多个少数民族，是我国少数民族分布最集中的地区。西部地区土地广阔，但大多都是中国的经济欠发达、需加强开发的地区[127-130]。

第二，我国的资源富集区主要集中在西部，其矿产、水、土地等资源十分丰富，矿产资源优势十分明显，矿产资源开发形成的产业已经逐渐成为西部地区重要的支柱产业。天然气和煤炭等能源资源在西部地区也十分丰富，储量高达 87.6% 和 39.4%。有 138 种矿产在西部地区已探明储量，而我国总储量为 156 种。全国范围内的主要矿产资源有 45 种，这之中西部地区有 24 种，占全国保有储量的 50% 以上，另外有 11 种资源占 33%—50%。21 世纪初，已形成十大矿产资源集中区，分别为塔里木、东天山北祁连、黄河中游、攀西黔中、柴达木、四川盆地、西南三江、秦岭中西段、红水河右江、西藏"一江两河"。据不完全估计，矿产资源的储量价值在西部地区高达 61.9 万亿元，占全国总额的近七成。近年来，西部地区工业总产值有两成源于矿业产值，比重约占国内生产总值的 6%，远高于全国的平均水平。依靠矿产资源开发形成的金昌、攀枝花、克拉玛依、六盘水等城市，经济实力显著增强并已成为地区经济发展中心。同时，西部的矿产资源勘查成本低、已开采、成矿优良，具有巨大的开发潜力。

第三，2021 年 4 月 28 日，我国首部反映矿产资源全貌的《中国矿产地质志》正式发布，梳理分析了我国战略性新兴矿产资源的分布。根据国务院 2016 年批复通过的《全国矿产资源规划（2016—2020 年）》，列入战略性矿产的有 24 种。同时，西部地区战略性矿产的盛产地主要有四川（天然气、轻稀土、铁、钒、钛、石墨）、重庆（页岩气、铝土矿、锰）、陕西（煤炭、钼、金）、西藏（铬、铜）、甘肃（镍、钴、铜、锑、钒、钛）、云南（锡、铜、锑、铁、钒、钛、铀、萤石）、内蒙古（煤炭、稀土、萤石）、贵州（磷、铝、锑、金、稀土、萤石）、广西（铝、锑、钒、钛、萤石）、新疆（铀、石油）、青海（钾盐）、宁夏（煤、铁、磷）。研究梳理显示，我国西部地区是重要的战略性新兴矿产的分布区域，其成矿种类、品位、储量及开发成熟度都跻身国内前列，是国家战略性矿产资源的聚集区域[131-134]。

第四，2019 年 11 月，为健全生态保护补偿机制，提高资金使用效率，《生态综合补偿试点方案》应运而生，该方案由国家发展和改革委员会印发，并建立了 4 个国家生态文明试验区，分别位于海南、江西、贵州、福建，在国家生态文明试验区，西藏及青海、甘肃、四川、云南四省藏区，以及安徽省选择 50 个县（市、区）率先开展生态综合补偿试点。结合本书的研究特点（面向西部地区战略性矿产资源开发等因素综合考量），之所以选择西部的 12 个省（区、市）作为研究战略性矿产资源开发生态补偿实施成效的样本，主要原因在于中国的西部地区不仅是我国重要的生态功能保护区，也是重要的生态屏障，部分省份已经率先开展综合性生态补偿试点，这些地区整体上是我们国家经济实力较弱、生态功能脆弱、生态环境影响敏感的地区，具有民族成分复杂、多民族聚居、经济发展较为落后、生态保护责任较重等区域特点，开展针对西部 12 个省（区、市）的战略性矿产资源开发生态补偿效益综合评价，有助于提升西部地区生态保护和环境修复的水准，建立、健全具有西部地区生态补偿特色和特点的综合性国家生态补偿机制，尤其为西部地区生态补偿实践提供重要的牵引带动和应用示范[135-136]。

第五，本研究主要通过四川省高校购买的数据库资源、国家部委相关统计年鉴的权威数据及行业领域权威发布的专著及研究报告获取数据，具体来说，本书研究收集的数据主要来源于《中国环境统计年鉴》《中国统计年鉴》《中国社会统计年鉴》《中国能源统计年鉴》《中国国土资源统计年鉴》《全国矿产资源规划（2016—2020 年）》《中国矿产地质志》等。本次研究统计的数据，存在西部少数民族自治区部分数据未统计或其余的省区部分指标数据统计缺失的情况，为方便后文的统计分析和开展综合评价，我们对缺失的数据进行了合理的拟合补充，统计 1998—2019 年的全部指标数据，为满足后文的综合性评价需要，对其进行了均值化处理，形成如下统计指标体系及统计数据列表（表 6-5）。

表6-5　生态补偿效益综合评价指标表

$M_{12\times26}$	A.1	A.2	A.3	A.4	A.5	A.6	A.7	B.1	B.2	B.3	B.4	B.5	B.6
云南	3583414.46	6945.72	315843.00	39773.76	219209.29	2838104.36	367983.72	8914.06	256.82	1463.71	27303.24	270.29	424.55
内蒙古	10267871.47	4403.53	248200.68	69107.32	826198.34	9116074.06	1901747.96	26934.46	313.54	5358.33	64773.33	432.16	593.01
四川	2754396.31	6791.52	397899.42	53697.45	278362.57	2287273.61	263318.70	5157.38	110.88	3536.26	16357.65	251.95	346.18
宁夏	1076074.26	599.18	49173.58	8551.62	40562.05	871811.17	175210.00	4104.92	42.85	1408.11	16971.40	80.20	101.11
广西	1117700.04	4234.61	117885.11	25384.74	83564.59	806356.63	156769.98	6280.09	78.79	1015.85	9070.98	97.87	143.79
新疆	2906392.96	3643.63	136223.89	25704.32	97679.98	2614582.84	558651.49	7104.31	263.90	1288.53	11459.79	113.44	237.97
甘肃	1864930.87	3241.14	154512.26	18568.65	65801.27	1718396.00	229350.08	8564.22	279.43	1593.37	12213.26	236.65	234.54
西藏	142282.65	77.54	5046.47	833.59	18024.37	102006.87	28661.67	1446.23	8.63	513.68	1687.82	49.65	44.72
贵州	3603923.73	5659.22	227381.84	30854.23	559721.74	3635295.85	671081.64	4246.93	136.99	520.50	29709.53	154.20	259.00
重庆	1294661.36	3313.34	175479.95	24291.55	126762.83	1062893.17	67450.46	3924.60	46.48	652.46	5978.77	110.06	186.81
陕西	7084546.24	4168.85	241465.11	44173.02	38783.97	6361955.93	1901351.83	7373.41	183.78	2169.61	15620.26	488.59	334.94
青海	1537179.28	1184.59	44034.83	8578.03	148425.04	1203314.90	284333.42	30034.82	30.36	1289.03	9273.31	41.33	96.27

$M_{12\times26}$	B.7	B.8	C.1	C.2	C.3	C.4	C.5	C.6	C.7.	D.1	D.2	D.3	D.4
云南	519605.03	44.68	404.24	4.02	16323.47	152612.95	349.96	207.83	841.22	23.59	66.17	419.83	805413.89
内蒙古	780926.25	154.17	286.54	3.97	14918.26	92298.95	391.87	202.24	667.59	21.35	50.66	298.80	534038.32
四川	2423484.47	100.58	697.75	4.25	50435.32	301094.26	1131.49	434.07	1913.63	40.27	119.50	623.94	1893813.67
宁夏	134488.76	18.56	76.27	4.13	3169.47	22979.89	88.26	44.90	244.39	5.80	8.76	43.47	138090.31
广西	3426582.09	71.23	374.75	3.52	21620.26	136710.05	356.69	184.12	787.04	10.44	61.61	384.97	984280.31
新疆	749685.55	103.12	252.03	3.38	12517.21	105906.11	560.99	288.46	1001.41	26.53	81.35	267.35	638006.93
甘肃	516025.87	45.65	217.29	3.02	18241.11	87052.11	278.06	171.65	562.04	15.95	97.02	360.82	645409.53
西藏	105739.47	6.59	37.70	3.60	3907.16	8952.89	12.25	9.31	35.24	1.03	2.89	13.80	40381.08
贵州	336432.80	31.26	227.76	3.79	17126.42	109390.53	245.96	137.59	436.47	16.07	40.27	231.16	596939.07
重庆	352477.67	72.96	423.70	3.81	12469.58	104753.84	485.74	246.07	1304.54	35.04	39.60	262.81	775272.79
陕西	535206.58	89.23	357.12	3.64	23100.95	142307.74	491.61	272.95	773.50	22.23	130.36	416.50	1149455.83
青海	166295.94	9.06	72.18	3.59	4071.22	22468.06	93.57	47.58	149.46	5.77	18.19	99.91	141883.78

第三节　研究过程与结果分析

一、运算过程分析

（一）数据预处理

标准化处理原始的战略性矿产资源开发生态补偿成效综合性评价数据，运用余弦相似性实现上文提及的无量纲化，这一过程通过归一化处理，其中，归一化处理方法如下。

对正向指标归一化，令

$$n_{ij} = \frac{T_{ij} - \min_{1 \le i \le n}(T_{ij})}{\max(T_{ij}) - \min(T_{ij})}$$

其中，$T_{ij} \in \boldsymbol{T}$，$n_{ij} \in \boldsymbol{N}$。

对负向指标归一化，令

$$n_{ij} = \frac{\max_{1 \le i \le n}(T_{ij}) - T_{ij}}{\max_{1 \le i \le n}(T_{ij}) - \min_{1 \le i \le n}(T_{ij})}$$

其中，$T_{ij} \in \boldsymbol{T}$，$n_{ij} \in \boldsymbol{N}$。

原始矩阵需要经过归一化得到归一化矩阵 $\boldsymbol{T}$。归一化矩阵记作 $\boldsymbol{T}=[t]_{12 \times 26}$，其中 12 为行，26 为列，矩阵中的任意值 $T_{ij} \in [0,1]$。

指标体系涵盖 23 个正向指标和 3 个负向指标，其中，正向指标的值越大越优，而负向指标的值越小越好。其中，A2 矿山企业数、A3 从业人数、B1 本年矿业开采新增占用损坏土地面积这 3 个为负向指标，其余均为正向指标。

根据正向指标公式（表 6-6）和负向指标公式（表 6-7）使用极差法（曼哈顿距离）得到归一化矩阵 $\boldsymbol{T}_{m \times n}$。

由于使用极差法得到归一化矩阵，所以正理想点集合中的 26 个值全部为 1，负理想点集合中的 26 个值全部为 0，即

f_{j+}= (1，1，1，1，1，1，1，1，1，1，1，1，1，1，1，1，1，1，

1，1，1，1，1，1，1，1)

f_{j-}=(0，0，0，0，0，0，0，0，0，0，0，0，0，0，0，0，0，0，0，

0，0，0，0，0，0，0)

表6-6　归一化后的矩阵 *T*

$M_{12 \times 26}$	A.1	−A.2	−A.3	A.4	A.5	A.6	A.7	−B.1	B.2	B.3	B.4	B.5	B.6
云南	0.34	0	0.209	0.57	0.249	0.304	0.181	0.739	0.814	0.196	0.406	0.512	0.693
内蒙古	1	0.37	0.381	1	1	1	1	0.108	1	1	1	0.874	1
四川	0.258	0.022	0	0.774	0.322	0.242	0.125	0.87	0.335	0.624	0.233	0.471	0.55
宁夏	0.092	0.924	0.888	0.113	0.028	0.085	0.078	0.907	0.112	0.185	0.242	0.087	0.103
广西	0.096	0.395	0.713	0.36	0.081	0.078	0.068	0.831	0.23	0.104	0.117	0.126	0.181
新疆	0.273	0.481	0.666	0.364	0.099	0.279	0.283	0.802	0.837	0.16	0.155	0.161	0.352
甘肃	0.17	0.539	0.62	0.26	0.059	0.179	0.107	0.751	0.888	0.223	0.167	0.437	0.346
西藏	0	1	1	0	0	0	0	1	0	0	0	0.019	0
贵州	0.342	0.187	0.434	0.44	0.67	0.392	0.343	0.902	0.421	0.001	0.444	0.252	0.391
重庆	0.114	0.529	0.566	0.344	0.135	0.107	0.021	0.913	0.124	0.029	0.068	0.154	0.259
陕西	0.686	0.404	0.398	0.635	0.026	0.694	1	0.793	0.574	0.342	0.221	1	0.529
青海	0.138	0.839	0.901	0.113	0.161	0.122	0.136	0	0.071	0.16	0.12	0	0.094
$M_{12 \cdot 26}$	B.7	B.8	C.1	C.2	C.3	C.4	C.5	C.6	C.7	D.1	D.2	D.3	D.4
云南	0.125	0.258	0.555	0.814	0.278	0.492	0.302	0.467	0.429	0.575	0.496	0.665	0.413
内蒙古	0.203	1	0.377	0.77	0.249	0.285	0.339	0.454	0.337	0.518	0.375	0.467	0.266
四川	0.698	0.637	1	1	1	1	1	1	1	1	0.915	1	1
宁夏	0.009	0.081	0.058	0.902	0	0.048	0.068	0.084	0.111	0.122	0.046	0.049	0.053
广西	1	0.438	0.511	0.402	0.39	0.437	0.308	0.412	0.4	0.24	0.461	0.608	0.509
新疆	0.194	0.654	0.325	0.289	0.198	0.332	0.49	0.657	0.514	0.65	0.615	0.416	0.322
甘肃	0.124	0.265	0.272	0	0.319	0.267	0.237	0.382	0.28	0.38	0.738	0.569	0.326
西藏	0	0	0	0.473	0.016	0	0	0	0	0	0	0	0
贵州	0.069	0.167	0.288	0.626	0.295	0.344	0.209	0.302	0.214	0.383	0.293	0.356	0.3
重庆	0.074	0.45	0.585	0.645	0.197	0.328	0.423	0.557	0.676	0.867	0.288	0.408	0.397
陕西	0.129	0.56	0.484	0.506	0.422	0.456	0.428	0.621	0.393	0.54	1	0.66	0.598
青海	0.018	0.017	0.052	0.466	0.019	0.046	0.073	0.09	0.061	0.121	0.12	0.141	0.055

计算每项指标的权重，得到指标权重排序的结果。对指标权重的排序的目的是避免26阶排列组合的巨大算量，取最具代表性的最大值和最小值进行累加后，求出关系矩阵 A，以对样本的优劣进行排序。由于权重的计算方法多样，不同方法确定的权重，可能导致权重分配的不确定性，最终使评价结果产生差异，为了减少主观性，本书采用熵权法求权重，根据VIKOR 的最大化群体效益 S_i 和最小化个体化遗憾 R_i：

$$S_i = \sum_{j=1}^{m} \omega_j \left(\frac{\text{Zone}_j^+ - n_{ij}}{\text{Zone}_j^+ - \text{Zone}_j^-} \right) \qquad R_i = \max_{j=1} \left(\omega_j \left(\frac{\text{Zone}_j^+ - n_{ij}}{\text{Zone}_j^+ - \text{Zone}_j^-} \right) \right)$$

其中，ω_j 表示权重，Zone^+ 和 Zone^- 分别表示正负极值点，因此，按照式（6-14）求出权重结果，如表6-7所示。

表6-7　正负理想点、权值及权重大小排序值

$M_{4\times26}$	A1	−A2	−A3	A4	A5	A6	A7	−B1	B2	B3	B4	B5	B6
Zone$^+$	1	1	1	1	1	1	1	1	1	1	1	1	1
Zone$^-$	0	0	0	0	0	0	0	0	0	0	0	0	0
EWM 权重	0.0434	0.0298	0.0186	0.0287	0.0698	0.0458	0.0676	0.0167	0.0377	0.06	0.0427	0.0482	0.032
权重 排序	8	19	24	20	2	6	3	25	11	4	9	5	17
$M_{4\times26}$	B7	B8	C1	C2	C3	C4	C5	C6	C7	D1	D2	D3	D4
Zone$^+$	1	1	1	1	1	1	1	1	1	1	1	1	1
Zone$^-$	0	0	0	0	0	0	0	0	0	0	0	0	0
EWM 权重	0.0781	0.0381	0.0328	0.0164	0.0448	0.0344	0.0341	0.0279	0.0318	0.0277	0.0323	0.027	0.0338
权重 排序	1	10	15	26	7	12	13	21	18	22	16	23	14

（二）S 和 R 的求解结果

根据偏序求解其实质就是序拓扑的求解：

$$\boldsymbol{T} = [t_{ij}]_{n \times m} \xrightarrow{\text{偏序规则}} A = [a_{ij}]_{n \times n}$$

其中，$\boldsymbol{T} = [t_{ij}]_{n \times m}$ 为决策评价矩阵，n 代表评价对象，m 代表维度。

$A = [a_{ij}]_{n \times n}$ 为关系矩阵，是一个布尔方阵，n 代表评价对象（要素、方案、样本）。

对于决策矩阵 T 中 n 个要素的任何一列都具有严格的可比性。

根据偏序规则，对于含有 m 列的决策矩阵 T，其中的任意一列即指标维度，具有同属性，可比较的前提。维度的这种优劣的比较至少有两种属性。

正向指标，数值越大越好，数值越小越差，记为 p_1，p_2，$\cdots$，p_m。同理，负向指标数值越小越好，而数值越大越差，记为 q_1，q_2，$\cdots$，q_m。

对于决策矩阵 T 中的任意要素 x 和 y，负向指标有 $t_{(x,p1)} \geqslant t_{(y,p1)}$，$t_{(x,p2)} \geqslant t_{(y,p2)}$，$\cdots$，$t_{(x,pm)} \geqslant t_{(y,pm)}$，同时正向指标有 $t_{(x,q1)} \geqslant t_{(y,q1)}$，$t_{(x,q2)} \geqslant t_{(y,q2)}$，$\cdots$，$t_{(x,qm)} \geqslant t_{(y,qm)}$。

符合上述规则的要素 x 与要素 y 的偏序关系记作 $x < y$，其意义为要素 x 优于（好于，领先于，超过）要素 x。

上述规则称为偏序规则。对于决策矩阵通过偏序规则可以得到关系矩阵：

$$a_{xy} = \begin{cases} 1, x < y \\ 0, \text{其他} \end{cases}$$

根据前文结果，代入权重值即得 $(S\,R)$ 两列矩阵，两列都为负向指标。得出样本对应的 S 和 R 的值，如表 6-8 所示。

表 6-8　S_i 和 R_i 的值

$M_{12\times2}$	期望值 S_i	遗憾值 R_i
云南	0.6218	0.0684
内蒙古	0.3278	0.0623
四川	0.3905	0.0592
宁夏	0.8518	0.0775
广西	0.6612	0.0642
新疆	0.6456	0.063
甘肃	0.6995	0.0685
西藏	0.9257	0.0781
贵州	0.6783	0.0727

续表

$M_{12×2}$	期望值 S_i	遗憾值 R_i
重庆	0.7218	0.0724
陕西	0.4821	0.0681
青海	0.8696	0.0767

（三）S 和 R 的排序

根据 S 和 R 的计算结果及 S 和 R 都是负向指标，按照指标值越小越好的原理排序，得出 12 个样本基于 S 和 R 的排序值，如表 6-9 所示。

表 6-9　S_i 和 R_i 的排序值

$M_{12×2}$	期望值 S_i 排序	遗憾值 R_i 排序
云南	4	6
内蒙古	1	2
四川	2	1
宁夏	10	11
广西	6	4
新疆	5	3
甘肃	8	7
西藏	12	12
贵州	7	9
重庆	9	8
陕西	3	5
青海	11	10

（四）关系矩阵到骨架矩阵的运算

对于任意的布尔方阵 A，其可达矩阵的计算方法如下：

$$B = A + I$$

其中，A 为原始矩阵，B 为相乘矩阵，I 为单位矩阵，即只有对角线为 1 的布尔方阵。对 B 进行连乘：

$$B^{k-1} \neq B^{k}=B^{k+1}=R$$

其中，R 称为可达矩阵，容易证得 $A=R$。

由于该关系不存在回路，其骨架矩阵的求法如下：

$$S=\mathrm{HS}=R-(R-I)^2-I$$

其中，S 为骨架矩阵，HS 为哈斯矩阵。根据前文分析，相乘矩阵 B 如下：

$M_{12\times12}$	云南	内蒙古	四川	宁夏	广西	新疆	甘肃	西藏	贵州	重庆	陕西	青海
云南	1	1	1			1					1	
内蒙古		1										
四川			1									
宁夏	1	1	1	1	1	1	1		1	1	1	
广西		1	1		1	1					1	
新疆		1	1			1					1	
甘肃	1	1	1		1	1	1				1	
西藏	1	1	1	1	1	1	1	1	1	1	1	1
贵州	1	1	1		1	1	1		1		1	
重庆	1	1	1		1	1	1			1	1	
陕西		1	1								1	
青海	1	1	1		1	1	1		1	1	1	1

$B=$

根据前文公式推导，可达矩阵 R 为：

$R=$

$M_{12\times12}$	云南	内蒙古	四川	宁夏	广西	新疆	甘肃	西藏	贵州	重庆	陕西	青海
云南	1	1	1			1					1	
内蒙古		1										
四川				1								
宁夏	1	1	1	1	1	1	1		1	1	1	
广西		1	1		1	1					1	
新疆		1	1			1					1	
甘肃	1	1	1			1	1					
西藏	1	1	1	1	1	1	1	1	1	1		1
贵州	1	1	1		1	1	1		1		1	
重庆	1	1	1			1	1		1	1	1	
陕西		1	1								1	
青海	1	1	1		1	1	1		1	1	1	1

根据上文的公式推导，一般性骨架矩阵 R^* 构建如下：

$R^*=$

$M_{12\times12}$	云南	内蒙古	四川	宁夏	广西	新疆	甘肃	西藏	贵州	重庆	陕西	青海
云南						1						
内蒙古												
四川												
宁夏										1		
广西						1						
新疆											1	
甘肃	1				1							
西藏				1								1
贵州							1					
重庆									1			
陕西		1	1									
青海										1		

二、拐点与聚类分析

（一）拐点值 k 分析

在评价的过程中对求最大化群体效用和最小化个体遗憾的妥协值 Q 按照截距方式进行妥协值 Q 排序，设 k 在 $[0，1]$ 之间随机取具体数值，

按照妥协解公式 [见式（5–3）] 计算妥协值 Q。

对于每一行，令 $\mu_i = \dfrac{S_i - \min(S_i)}{\max(S_i) - \min(S_i)}$，$\delta_i = \dfrac{R_i - \min(R_i)}{\max(R_i) - \min(R_i)}$，$k$ 值是一个敏感性有强有弱的范围：

$$Q_i = (1-k)\mu_i + k\delta_i$$

对于 x，y 样本，有：

$$\begin{cases} (1-k)\mu_x + k\delta_x \\ (1-k)\mu_y + k\delta_y \end{cases}$$

以上问题就变成求两条线段是否在 [0，1] 值域内相交的问题，经推导：

$$k = \frac{\mu_x - \mu_y}{(\mu_x - \mu_y + \delta_y - \delta_x)}$$

基础矩阵如下：

$M_{12 \times 2}$	μ_i	δ_i
云南	0.4918	0.4892
内蒙古	0	0.1641
四川	0.1049	0
宁夏	0.8765	0.9684
广西	0.5576	0.265
新疆	0.5315	0.2029
甘肃	0.6217	0.4937
西藏	1	1
贵州	0.5862	0.7171
重庆	0.6589	0.6971
陕西	0.2582	0.4698
青海	0.9063	0.9288

（Base= 位于左侧中部）

通过对拐点 k 值分析，列出矩阵 Qk_{matrix}：

$M_{12 \times 10}$	k=0	k=0.122	k=0.137	k=0.227	k=0.39	k=0.429	k=0.506	k=0.594	k=0.785	k=1
云南	0.492	0.491	0.491	0.491	0.491	0.491	0.49	0.49	0.49	0.489
内蒙古	0	0.02	0.022	0.037	0.064	0.07	0.083	0.097	0.129	0.164
四川	0.105	0.092	0.091	0.081	0.064	0.06	0.052	0.043	0.023	0
宁夏	0.876	0.888	0.889	0.897	0.912	0.916	0.923	0.931	0.949	0.968
广西	0.558	0.522	0.518	0.491	0.443	0.432	0.41	0.384	0.328	0.265
新疆	0.532	0.491	0.486	0.457	0.403	0.39	0.365	0.336	0.274	0.203
甘肃	0.622	0.606	0.604	0.593	0.572	0.567	0.557	0.546	0.521	0.494
西藏	1	1	1	1	1	1	1	1	1	1
贵州	0.586	0.602	0.604	0.616	0.637	0.642	0.652	0.664	0.689	0.717
重庆	0.659	0.664	0.664	0.668	0.674	0.675	0.678	0.682	0.689	0.697
陕西	0.258	0.284	0.287	0.306	0.341	0.349	0.365	0.384	0.424	0.47
青海	0.906	0.909	0.909	0.911	0.915	0.916	0.918	0.92	0.924	0.929

$Qk_{\text{matrix}}=$ （位于表格左侧）

　　按照每一列 k 值对应妥协值的结果进行排序，1 为最佳结果，12 为最差值，数值相同为同一排位。上述是负向指标，数值越小越好，每一列数值最小的排第一，按此规则列出一个排序矩阵，如下所示：

$M_{12 \times 10}$	k=0	k=0.122	k=0.137	k=0.227	k=0.39	k=0.429	k=0.506	k=0.594	k=0.785	k=1
云南	4	4	5	5	6	6	6	6	6	6
内蒙古	1	1	1	1	1	2	2	2	2	2
四川	2	2	2	2	1	1	1	1	1	1
宁夏	10	10	10	10	10	10	11	11	11	11
广西	6	6	6	5	5	5	5	4	4	4
新疆	5	4	4	4	4	4	3	3	3	3
甘肃	8	8	7	7	7	7	7	7	7	7
西藏	12	12	12	12	12	12	12	12	12	12
贵州	7	7	7	8	8	8	8	8	8	9
重庆	9	9	9	9	9	9	9	9	8	8
陕西	3	3	3	3	3	3	3	4	5	5
青海	11	11	11	11	11	10	10	10	10	10

Qrank= （位于表格左侧）

（二）聚类分析

　　拐点对应的每一列都有排序相同的两个要素，聚类的列中没有相同排序的两个要素。Q 由任意邻近的两个拐点值聚类在一起形成聚类簇（Cluster），　为 [0，0.122）(0.122，0.137)…（0.594，0.785)(0.785，1] 一共9个聚类簇，排序是一条直链形，与聚类簇区域内样本的妥协值排序结果是一致的，因此属于完全刚性系统。

由S，R，Q获得的拓扑层级图都为直链形，且S，R，Q都只有1列，因此S，R，Q都为完全刚性系统。实际上，k值的变化为决策主体提供了使用主观偏好作出决策的灵活性，即决策机制系数k是对多数群体效益的最大值和个人遗憾的最小值的妥协。

以上矩阵中除了$k=0$与$k=1$的极值列外，每一列都存在至少两个相等的值，该值的变化朝着相反的方向进行，根据计算结果进行相应的拐点分析，交叉拐点的折线分布如图6-8所示。

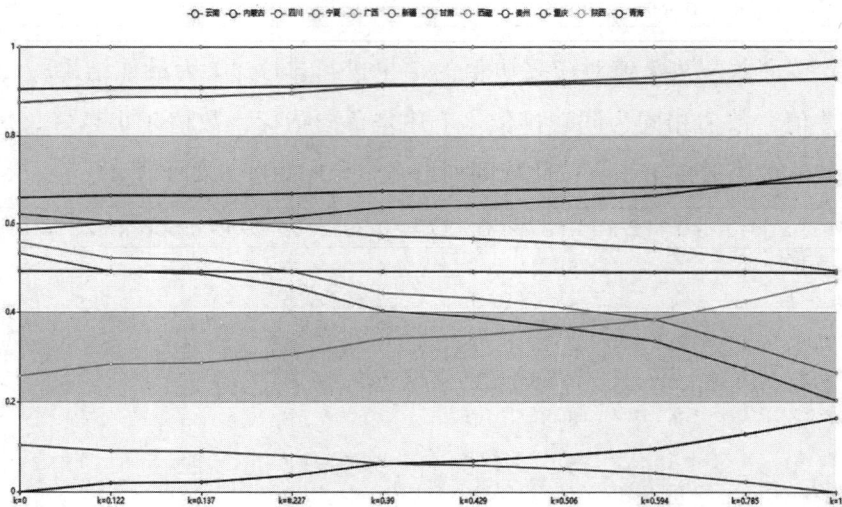

图6-3　交叉拐点折线分布图（敏感性分析—聚类分析）

结合k敏感性分析，绘制交叉拐点—折线分布图，如表6-10所示。

表6-10　敏感性–聚类特征分析表

聚类特征—对应k值区段	Q值排序
0<k<0.12192	内蒙古＞四川＞陕西＞云南＞新疆＞广西＞贵州＞甘肃＞重庆＞宁夏＞青海＞西藏
0.1219<k< 0.13705	内蒙古＞四川＞陕西＞新疆＞云南＞广西＞贵州＞甘肃＞重庆＞宁夏＞青海＞西藏

续表

聚类特征一对应 k 值区段	Q 值排序
$0.1371 < k < 0.22701$	内蒙古 > 四川 > 陕西 > 新疆 > 云南 > 广西 > 甘肃 > 贵州 > 重庆 > 宁夏 > 青海 > 西藏
$0.227 < k < 0.39003$	内蒙古 > 四川 > 陕西 > 新疆 > 广西 > 云南 > 甘肃 > 贵州 > 重庆 > 宁夏 > 青海 > 西藏
$0.39 < k < 0.4294$	四川 > 内蒙古 > 陕西 > 新疆 > 广西 > 云南 > 甘肃 > 贵州 > 重庆 > 宁夏 > 青海 > 西藏
$0.4294 < k < 0.50602$	四川 > 内蒙古 > 陕西 > 新疆 > 广西 > 云南 > 甘肃 > 贵州 > 重庆 > 青海 > 宁夏 > 西藏
$0.506 < k < 0.59384$	四川 > 内蒙古 > 新疆 > 陕西 > 广西 > 云南 > 甘肃 > 贵州 > 重庆 > 青海 > 宁夏 > 西藏
$0.5938 < k < 0.78458$	四川 > 内蒙古 > 新疆 > 广西 > 陕西 > 云南 > 甘肃 > 贵州 > 重庆 > 青海 > 宁夏 > 西藏
$0.7846 < k < 1$	四川 > 内蒙古 > 新疆 > 广西 > 陕西 > 云南 > 甘肃 > 重庆 > 贵州 > 青海 > 宁夏 > 西藏

k 值不同拐点的拓扑图如图 6-4 所示。

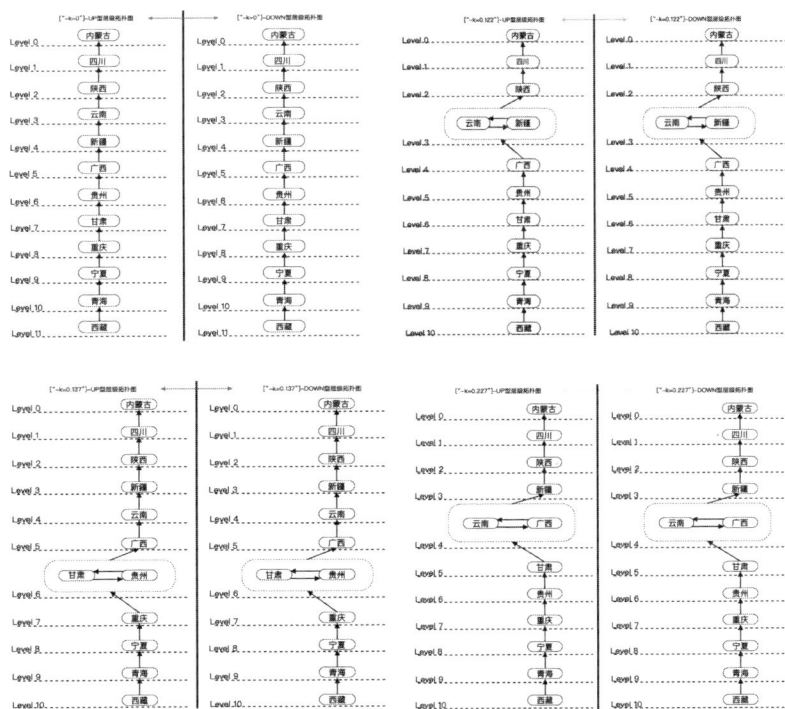

图 6-4 k 值不同拐点的拓扑图

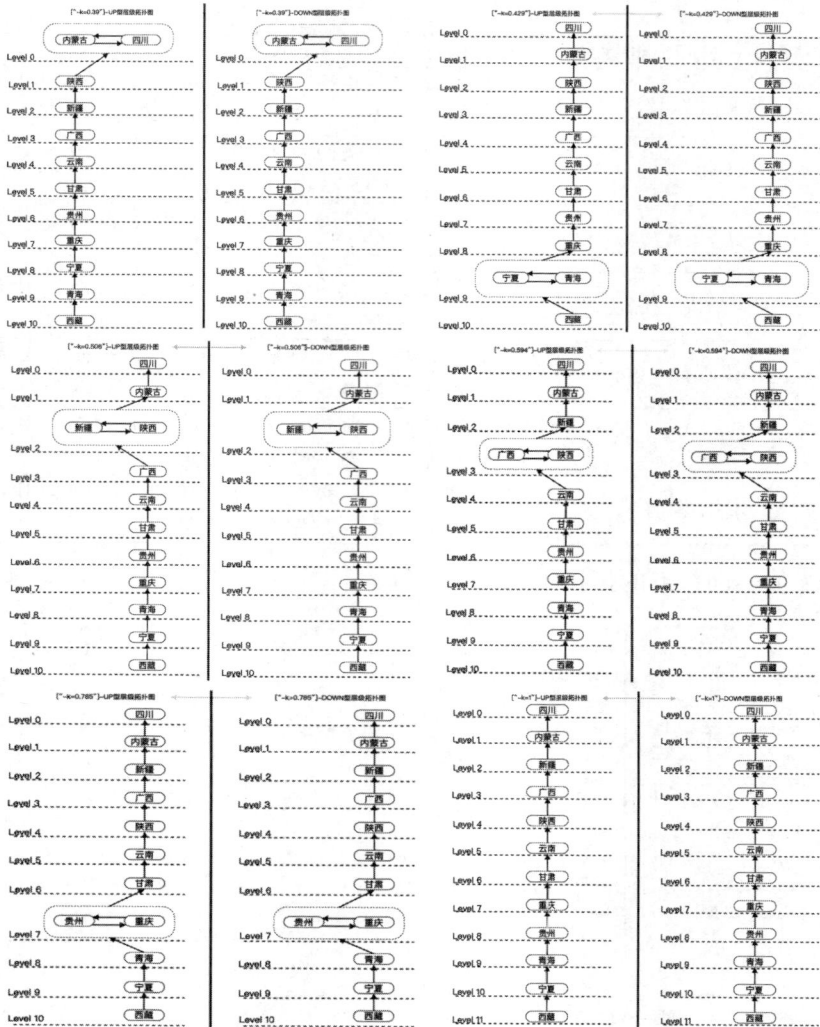

图6-4　k 值不同拐点的拓扑图

三、区段截取方式 Q 排序

（一）有向拓扑层级图的计算与绘制

根据前文论述，在绘制的有向拓扑层级图中，UP 型和 DOWN 型属于一组对立的画法，关系矩阵中的要素即为评价对象，评价对象之间的优劣可以用有向线段表示，优的评价对象置于上层，因此最上层的评价对象即为帕累托最优。

因此，按照 UP 型结果优先的抽取过程如下（表 6-11）。

表 6-11　UP 型抽取过程表 1

省（区、市）	R_e	T_e
云南	云南、四川、内蒙古、陕西	云南
内蒙古	（内蒙古）	（内蒙古）
四川	（四川）	（四川）
宁夏	陕西、云南、四川、内蒙古、宁夏、新疆、广西、重庆、甘肃、贵州	宁夏
广西	内蒙古、广西、四川、新疆	广西
新疆	四川、新疆、内蒙古	新疆
甘肃	陕西、云南、甘肃、内蒙古、四川、新疆、广西	甘肃
西藏	青海、云南、宁夏、内蒙古、四川、陕西、甘肃、广西、贵州、新疆、西藏、重庆	西藏
贵州	陕西、云南、广西、内蒙古、四川、新疆、贵州	贵州
重庆	陕西、云南、广西、新疆、内蒙古、四川、甘肃、重庆	重庆
陕西	陕西、内蒙古、四川	陕西
青海	青海、云南、甘肃、内蒙古、重庆、四川、广西、新疆、贵州、陕西	青海

抽取出内蒙古、四川放到上层，删除后剩余的情况如下（表 6-12）。

表 6-12　UP 型抽取过程表 2

省（区、市）	R_e	T_e
云南	云南、陕西	云南
宁夏	甘肃、贵州、宁夏、重庆、陕西、云南、广西、新疆	宁夏
广西	广西、新疆	广西
新疆	（新疆）	（新疆）
甘肃	新疆、甘肃、云南、广西、陕西	甘肃
西藏	陕西、青海、云南、宁夏、广西、西藏、贵州、重庆、新疆、甘肃	西藏
贵州	贵州、云南、陕西、广西、新疆	贵州

续表

省（区、市）	R_e	T_e
重庆	云南、广西、新疆、甘肃、重庆、陕西	重庆
陕西	陕西	陕西
青海	陕西、云南、贵州、重庆、广西、新疆、甘肃、青海	青海

抽取出新疆、陕西放到上层，删除后剩余的情况如下（表6-13）。

表6-13　UP型抽取过程表3

省（区、市）	R_e	T_e
云南	云南	云南
宁夏	甘肃、贵州、广西、云南、宁夏、重庆	宁夏
广西	广西	广西
甘肃	甘肃、云南、广西	甘肃
西藏	青海、甘肃、西藏、云南、宁夏、广西、贵州、重庆	西藏
贵州	云南、广西、贵州	贵州
重庆	重庆、广西、甘肃、云南	重庆
青海	青海、云南、重庆、广西、甘肃、贵州	青海

抽取出云南、广西放到上层，删除后剩余的情况如下（表6-14）。

表6-14　UP型抽取过程表4

省（区、市）	R_e	T_e
宁夏	重庆、宁夏、甘肃、贵州	宁夏
甘肃	甘肃	甘肃
西藏	青海、宁夏、甘肃、重庆、西藏、贵州	西藏
贵州	贵州	贵州
重庆	甘肃、重庆	重庆
青海	青海、贵州、重庆、甘肃	青海

抽取出甘肃、贵州放到上层，删除后剩余的情况如下（表6-15）。

表6-15　UP型抽取过程表5

省（区、市）	R_e	T_e
宁夏	宁夏、重庆	宁夏
西藏	重庆、青海、宁夏、西藏	西藏
重庆	重庆	重庆
青海	青海、重庆	青海

抽取出重庆放到上层，删除后剩余的情况如下（表6-16）。

表6-16　UP型抽取过程表6

省（区、市）	R_e	T_e
宁夏	宁夏	宁夏
西藏	青海宁夏、西藏	西藏
青海	青海	青海

抽取出宁夏、青海放到上层，删除后剩余的情况如下（表6-17）。

表6-17　UP型抽取过程表7

省（区、市）	R_e	T_e
西藏	西藏	西藏

同理，按照DOWN型原因优先进行抽取，抽取步骤如下（表6-18）。

表6-18　DOWN型抽取过程表1

省（区、市）	Q_e	T_e
云南	云南、宁夏、甘肃、西藏、贵州、重庆、青海	云南
内蒙古	云南、内蒙古、宁夏、广西、新疆、甘肃、西藏、贵州、重庆、陕西、青海	内蒙古
四川	云南、四川、宁夏、广西、新疆、甘肃、西藏、贵州、重庆、陕西、青海	四川
宁夏	宁夏、西藏	宁夏
广西	宁夏、广西、甘肃、西藏、贵州、重庆、青海	广西
新疆	宁夏、广西、新疆、甘肃、西藏、贵州、重庆、青海	新疆
甘肃	宁夏、甘肃、西藏、贵州、重庆、青海	甘肃

续表

省（区、市）	Q_e	T_e
西藏	西藏	西藏
贵州	宁夏、西藏、贵州、重庆、青海	贵州
重庆	宁夏、西藏、重庆、青海	重庆
陕西	云南、宁夏、甘肃、西藏、贵州、重庆、陕西、青海	陕西
青海	西藏、青海	青海

抽取出西藏放到下层，删除后剩余的情况如下（表6-19）。

表6-19　DOWN型抽取过程表2

省（区、市）	Q_e	T_e
云南	云南、宁夏、甘肃、贵州、重庆、青海	云南
内蒙古	云南、内蒙古、宁夏、广西、新疆、甘肃、贵州、重庆、陕西、青海	内蒙古
四川	云南、四川、宁夏、广西、新疆、甘肃、贵州、重庆、陕西、青海	四川
宁夏	宁夏	宁夏
广西	宁夏、广西、甘肃、贵州、重庆、青海	广西
新疆	宁夏、广西、新疆、甘肃、贵州、重庆、青海	新疆
甘肃	宁夏、甘肃、贵州、重庆、青海	甘肃
贵州	宁夏、贵州、重庆、青海	贵州
重庆	宁夏、重庆、青海	重庆
陕西	云南、宁夏、甘肃、贵州、重庆、陕西、青海	陕西
青海	青海	青海

抽取出宁夏、青海放到下层，删除后剩余的情况如下（表6-20）。

表6-20　DOWN型抽取过程表3

省（区、市）	Q_e	T_e
云南	云南、甘肃、贵州、重庆	云南
内蒙古	云南、内蒙古、广西、新疆、甘肃、贵州、重庆、陕西	内蒙古
四川	云南、四川、广西、新疆、甘肃、贵州、重庆、陕西	四川
广西	广西、甘肃、贵州、重庆	广西
新疆	广西、新疆、甘肃、贵州、重庆	新疆

续表

省（区、市）	Q_e	T_e
甘肃	甘肃、重庆	甘肃
贵州	贵州	贵州
重庆	重庆	重庆
陕西	云南、甘肃、贵州、重庆、陕西	陕西

抽取出贵州、重庆放到下层，删除后剩余的情况如下（表6-21）。

表6-21　DOWN型抽取过程表4

省（区、市）	Q_e	T_e
云南	云南、甘肃	云南
内蒙古	云南、内蒙古、广西、新疆、甘肃、陕西	内蒙古
四川	云南、四川、广西、新疆、甘肃、陕西	四川
广西	广西、甘肃	广西
新疆	广西、新疆、甘肃	新疆
甘肃	甘肃	甘肃
陕西	云南、甘肃、陕西	陕西

抽取出甘肃放到下层，删除后剩余的情况如下（表6-22）。

表6-22　DOWN型抽取过程表5

省（区、市）	Q_e	T_e
云南	云南	云南
内蒙古	云南、内蒙古、广西、新疆、陕西	内蒙古
四川	云南、四川、广西、新疆、陕西	四川
广西	广西	广西
新疆	广西、新疆	新疆
陕西	云南、陕西	陕西

抽取出云南、广西放到下层，删除后剩余的情况如下（表6-23）。

表6-23 DOWN型抽取过程表6

省（区、市）	Q_e	T_e
内蒙古	内蒙古、新疆、陕西	内蒙古
四川	四川、新疆、陕西	四川
新疆	（新疆）	（新疆）
陕西	（陕西）	（陕西）

抽取出新疆、陕西放到下层，删除后剩余的情况如下（表6-24）。

表6-24 *DOWN*型抽取过程表7

省（区、市）	Q_e	T_e
内蒙古	（内蒙古）	（内蒙古）
四川	（四川）	（四川）

经过抽取分析，得到以下层级表（表6-25）。

表6-25 基于UP型和DOWN型抽取的层级表

层级	结果优先——UP型	原因优先——DOWN型
第0层	内蒙古、四川	内蒙古、四川
第1层	新疆、陕西	新疆、陕西
第2层	云南、广西	云南、广西
第3层	甘肃、贵州	甘肃
第4层	重庆	贵州、重庆
第5层	宁夏、青海	宁夏、青海
第6层	西藏	西藏

绘制出一组对抗层级拓扑图即 {UP/DOWN} 的原因到结果的系列层级图：UP型菊花链，即结果优先的有向拓扑层级图；DOWN型菊花链，即原因优先的有向拓扑层级图，如图6-5所示。

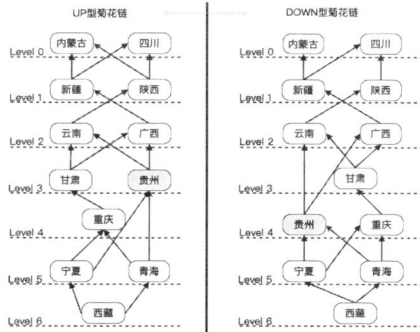

图 6-5 基于 UP 型和 DOWN 型的有向拓扑层级图

（二）改进 Dephli 方法的区段选择决策

由 UP 型有向拓扑层级图可知，协同度由优到劣的排序为 { 内蒙古，四川 }>{ 新疆，陕西 }>{ 云南，广西 }>{ 甘肃，贵州 }>{ 重庆 }>{ 宁夏，青海 }>{ 西藏 }。

由 DOWN 型有向拓扑层级图可知，协同度由优到劣的排序为 { 内蒙古，四川 }>{ 新疆，陕西 }>{ 云南，广西 }>{ 甘肃 }>{ 贵州，重庆 }>{ 宁夏，青海 }>{ 西藏 }。

根据 {UP/DOWN} 有向拓扑图得到的排序结果分析：①样本内蒙古、四川排在新疆、陕西前面；②样本内蒙古、四川，新疆、陕西，云南、广西，贵州、重庆，宁夏、青海之间排序尚不可知。此时，12 个评价样本优劣差异的排序无法确定，刚性系统无法在整个拓扑层级图中显现出来，还有待进一步判断。

最大化群体效用和最小化个体遗憾值可以借助 VIKOR-AISM 方法解决，因此在决策偏好区间 $k \in [0, 1]$ 中获取一个取值的区段，将有助于综合调节决策效果，体现决策偏好，但是这个过程的实现往往是比较困难的。基于专家背景、知识的差异，避免个人决策对群体决策的影响，通过前文的前景理论和心理账户理论的阐释，本书在研究过程中引入群组决策方法，通过运用改进的 Dephli 方法，结合各个专家评判分析决策，开展基于某个区段决策偏好的实验。在选取西部 12 个省（区、市）作为生态补偿综合评价样本的过程中，邀请 15 位专家，其中 5 位为生态补偿领域的专家教授，有丰富的生态补偿理论专业背景，5 位为从事矿产资源管理及生态环保部门的政府负责人及直接从事相关工作的公职人员，5 位是相关矿山企业的管理人员及技术人员，具有多年从业经验，熟悉矿产资源开发。

受疫情影响，组织线下会议的难度比较大，所以实验环节邀请 15 位专家借助网络会议的方式开展实验。本书的研究过程中，排序的选择基本在第四轮的讨论结束后达成一致意见。最终专家的一致意见是选择 $k=0.227$ 和 $k=0.4294$，即截取 $k=[0.227,0.4294]$ 这个区段进行 Q 排序。

通过原因优先和结果优先的抽取方式，分别绘制层级图，最终通过一般性骨架矩阵，得到层级拓扑图（图 6–6）。

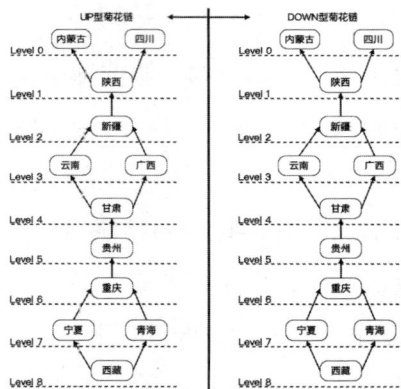

图 6–6 $k=[0.227,0.4294]$ 的层级拓扑图

由 UP 型有向拓扑层级图可知，协同度由优到劣的排序为 { 内蒙古，四川 }>{ 陕西 }>{ 新疆 }>{ 广西 }>{ 云南 }>{ 甘肃 }>{ 贵州 }>{ 重庆 }>{ 宁夏，青海 }>{ 西藏 }。

由 DOWN 型有向拓扑层级图可知，协同度由优到劣的排序也为 { 内蒙古，四川 }>{ 陕西 }>{ 新疆 }>{ 广西 }>{ 云南 }>{ 甘肃 }>{ 贵州 }>{ 重庆 }>{ 宁夏，青海 }>{ 西藏 }。

两种类型的有向拓扑层级图结果一致，其中没有活动要素，任意两个评价样本之间都有确定的比较关系。排序结果的有向拓扑层级图为刚性系统，但不是完全刚性系统。

四、综合性评价结果分析

（一）基于截距方式 Q 排序和区段截取方式 Q 排序的分析

在截距方式排序中，在拐点 $k=0$、$k=0.122$、$k=0.137$、$k=0.227$、$k=0.39$ 处，12 个战略性矿产资源开发生态补偿综合评价的样本中，内蒙古排在最优的位置；而在拐点 $k=0.429$、$k=0.506$、$k=0.594$、$k=0.785$、$k=1$ 处，12 个战略性矿产资源开发生态补偿综合评价的样本中，四川排在最优的位置；而在用改进后的 *Delphi* 方法确定的区段截取 $k=[0.227,0.4294]$ 时，12 个战略性矿产资源开发生态补偿综合评价的样本中，内蒙古、四川共同排在最优位置，这说明在多属性决策评价中，样本内蒙古、四川在战略性矿产资源开发生态补偿综合评价中有更好的表现。

所有样本的单个指标数据对比显示，内蒙古在经济补偿维度 {A_1，A_4，A_5，A_6，A_7}、生态补偿维度 {B_2，B_3，B_4，B_6，B_8} 的数值最优。分析结果说明，内蒙古战略性矿产资源开发所带来的巨大经济效益是遥遥领先的，这与内蒙古本身战略性矿产资源储量在全国领先有很紧密的联系，尤其是在稀土、煤炭的开发利用方面显示了巨大的资源优势和开发能力，为当地经济发展和财政作出巨大贡献。同时，内蒙古近年来也在加紧优化战略性矿产资源开发保护格局，不断强化矿产资源保护和合理利用，在矿业绿色转型升级方面率先垂范，实施了一系列有效的生态环境保护措施，为巩固我国西部重要生态屏障安全作出贡献，有效地实现了资源开发惠民利民。

四川在社会补偿维度 {C_1，C_2，C_3，C_4，C_5，C_6，C_7}、文化补偿维度 {D_1，D_3，D_4} 的数值最优。根据四川在战略性矿产资源开发中的特点，本研究分析如下：四川西部地区具有丰富的战略性矿产资源，是我国重要的尖端技术产品的原料供应地，其产业链较短，深加工不足，导致附加值不高，因此，在经济效益方面表现不太明显。但是，四川在生态补偿方面采取了更为频繁和卓有成效的应用实践。四川作为重要的长江流域的发源地，生态功能地位突出，尤其重视社会补偿。同时，四川作为民族聚居特点极其显著的区域，在文化保护方面投入了更多的财力和物力，在社会文化建设、民间文化保护和传承、促进教育和人才培养方面成效显著。这与实际情况比较吻合，四川矿产资源开发在社会和文化方面的配套体系建设走在全国前列。

在区段截取方式 Q 排序下，陕西、新疆、广西、云南、甘肃、贵州、重庆分别处于第 2—8 名次。陕西优势评价指标主要体现在 $\{A_7, B_5, D_2\}$。陕西省作为全国重要的能源化工基地和全国重要的煤炭生产基地，战略性矿产资源开发所带来的资源利润是极其明显的，矿产资源的潜在价值占据全国 1/3，是地地道道的矿产资源大省。但是陕西部分地区自然条件相对恶劣，黄土高原水土流失的保护治理尤为重要，因此，陕西在水土治理方面投入非常巨大，也为保持水土和环境恢复付出巨大的努力，成效显著。同时，因为陕西省是我国的古都所在地，历史文化积淀深厚，在文化保护方面有许多其他地区无法企及的优势。例如，陕西在资源开发和工业发展的过程中，始终把文化保护放在重要的位置，对于文化保护的力度和投入也高居全国前列，文化补偿效应在西部地区遥遥领先。

新疆各项评价指标表现比较均衡，总体偏好。新疆作为我国重要的能源资源大省，煤炭、石油、天然气资源丰富，开发成熟度高；同时，稀有金属开采条件好，是重要的战略性金属供给地。新疆在维护边境生态安全和优化矿产资源开发方面有许多有益的做法和举措。

广西在有色金属、非金属矿产方面有得天独厚的条件，所有评价指标中，林业投资完成额这项指标排在最优位置，说明广西在矿山开发过程中注重森林绿地的保护。但是，广西在资源开发经济效益方面体现不足，矿山从业人员较多，说明矿产资源开发的技术投入不足，劳动密集效应明显，需要加大矿产资源开发的技术含量，提升附加值，增加经济效益。

云南作为"有色金属王国"和磷化工大省，战略性矿产资源丰富，矿山企业数指标呈现出开采条件好、单个矿山储量丰富、开采周期长、对环境影响较小、单个矿山利用效率高等特点。

甘肃在所有评价指标中，失业率指标是非常突出的，说明甘肃在矿产资源开发利用过程中，对于社会补偿贡献不足，解决就业问题成效不明显。作为重要的西北钢铁基地，甘肃需要加大社会补偿投入，在资源开发利用的同时，带动当地社会经济发展，为解决就业问题作出更多的贡献。

作为全国重要的锰系铁合金、磷化工、钡盐、铝工业生产基地的贵州，所有评价指标中恢复治理面积排在倒数第二，可以推测在矿产资源开发过程中，当地森林植被破坏比较严重，土地资源利用效率不高，亟须建立健全矿产资源开发全过程的土地及植被恢复治理制度，加大对生态环境保护的投入，以期实现矿产资源开发经济效益的相对提高和生态环境保护的协调发展。

全世界最大的电解锰基地——重庆，也是国家页岩气开发示范区，其铝土和锰矿资源丰富，全国驰名，但是分析评价指标中矿产资源利润总额和矿山环境治理资金投入指标却排名倒数第二，从中可以看出重庆对于矿产资源开发利用的结构不合理，产品附加值不高。尤其是电解锰、电解铝具有高耗能、高污染的特殊性质，重庆对矿山的环境治理力度不够，资金投入不足，生态环境问题明显，需要优化矿产资源利用结构，延展产业链，加大环境治理力度。

宁夏和青海排在第9名，评价指标显示，青海在水土流失治理面积指标上是最后一名，宁夏则在卫生机构数指标上是最后一名。青海在战略性矿产资源开发利用过程中，需要加大水土流失治理力度，防止因为开发导致的沙化、荒漠化和盐碱化态势越演越烈。宁夏作为民族自治地区，在矿产资源开发方面还较为粗放低效，资源开发结构不合理，卫生医疗等配套条件跟不上，需要加强资源开发对社会补偿的贡献，提升西部地区百姓资源开发的获得感，增强医疗卫生服务功能，实现资源开发和社会效益的双向提升。

西藏是我国重要的战略资源储备基地，但由于其自身生态系统脆弱，环境影响敏感，矿山企业整体"散、乱、小"，在矿产资源开发方面技术不足，对环境破坏明显，几乎在全部评价指标中，20 个正向评价指标的值为零，3 个负向评价指标为 1，可以判断西藏在矿产资源开发利用方面还需要提升各方面的能力，保护好国家重要的生态保护区域，限制开发矿产资源，有效提升现有资源开发效率，实现文化、经济、生态环境保护和经济的全面协调发展，建立、健全生态保护体系及生态补偿体系，从而为西部地区、边疆地区的稳定作出正向积极的贡献。

（二）基于民族自治区与非民族自治区排序的分析

根据前文分析的截距方式 Q 排序和区段截取方式 Q 排序，借鉴交叉拐点折线分布图，我国民族自治区在战略性矿产资源开发生态补偿综合评价方面呈现出不同梯度，两极分化明显。其中，内蒙古自治区一骑绝尘，排在西部地区最前列，其各项评价指标表现优异，在实现战略性矿产资源开发经济效益显著提升的同时，在生态环境保护、社会效益和文化补偿方面也成效突出。西藏作为西部地区在战略性矿产资源开发生态补偿综合评价中垫底的省份，和内蒙古相比呈现出完全两极分化的状态。内蒙古各项评价指标中，正向指标有 10 个获得最优排序，而西藏有 20 个正向评价指标的值为零，3 个负向评价指标为 1。未来，西藏需要借鉴内蒙古在矿产资源开发方面的先进做法和成功的经验，不断提升西藏战略性矿产资源开发生态补偿综合效率，深入践行"绿水青山就是金山银山"的重要论断，真正实现西部地区走出困境，从而实现环境保护和经济效益提升的双赢，同时更加注重民族地区的特点，有目的、分阶段、重步骤地开发战略性矿产资源，有效区分可开采、限制开采和禁止开采功能区域，不单纯追求矿产资源开发的经济效益而盲目地扩大开采规模、加大开采强度，紧紧围绕战略性矿产资源特点，做好矿产资源经济、生态、社会和文化效益最大化的文章。新疆、广西要继续巩固西部地区矿产资源开发和其他公共效益协调发展的局面，结合综合评价指标体系，精准对照识别排序较低的正向指标和排序较高的负向指标，有效破解资源开发和综合效益提升相悖的难题。同时，新疆、广西要针对民族自治区及其他西部地区特点，充分调查矿山开发行为在民族区域的影响程度，真正实现西部地区矿产资源优势转化为经济社会发展的动能，实现社会、经济、环境和文化综合协调发展。

第四节 本章小结

战略性矿产资源开发生态补偿效益综合评价的决策作为一个群体性决策，可能既具有一定的客观性又具有相应的模糊性，既有确定性的部分也有不确定性的部分，这些部分的对立统一过程也是决策偏好的犹豫选择过程，也可以看作决策偏好的区间性。本章利用 VIKOR-AISM 方法，建立战略性矿产资源开发的生态补偿综合效益评价模型，综合考虑最小化个体遗憾值和最大化群体效用，通过改进 Dephli 方法确定合适的 k 值区段，准确表述决策的犹豫区间，即协同决策对多数群体效益的最大值和个人遗憾的最小值之间的妥协程度。本章对西部地区战略性矿产资源开发生态补偿效益进行排序，在评价战略性矿产资源开发生态补偿效益的时候，将决策主体的决策偏好和犹豫区间考虑进来，有助于对补偿机制综合评价进行更客观的判断。本章通过实例分析表明，建立的 VIKOR-AISM 模型具有易于理解、结构明确、计算简单方便、结论直观等特点，因此，该模型能够在类似的生态补偿综合评价和相应的政策及措施推广中广泛运用。

第七章 西部地区战略性矿产资源开发
生态补偿标准研究

生态补偿标准目前有较多核算方法，主要有按矿产资源开发成本、生态受益者获利、生态破坏恢复（修复）成本、生态系统服务价值及生态系统承载力等核算并确定。根据西部地区资源开发的特点和矿产资源具有的特殊自然资源属性，本章在研究方法选取上给予了充分考虑和借鉴。

第一节 生态补偿标准的定量评价方法

一、按矿产资源开发成本核算

生态补偿保护成本的核算内容目前集中在森林、流域、自然保护区等方面。矿区生态环境治理，按资金投入使用阶段的不同可分为土地复垦工程成本、植被修复成本、其他相关工程发生成本。矿产资源开发需要补偿的费用与生态破坏有密切关系，从矿产资源开发生态补偿结构功能方面来说，生态环境的修复成本是矿区生态补偿的最小成本或费用，多指复垦费。因此，在资金使用与矿区环境修复的不同阶段，主要资金类型分为植被修复、土地复垦的相关成本支出，以及其他相关工程发生的成本。从生态补偿的广义角度理解，矿产资源开发的补偿范围不局限于生态修复，矿产资源开发造成的环境污染，造成的经济损失、发展机会丧失、农业生产能力影响及矿区周边居民的健康损失等都要给予补偿。生态环境破坏价值损失构成指标如表 7-1 所示。

表 7-1　生态环境破坏价值损失构成指标表

类别	指标组	具体指标
狭义生态补偿	生态修复治理成本	植被修复费用 土方工程费用 其他费用
环境因素生态补偿	环境污染与地质灾害经济损失	大气污染经济损失 废渣污染经济损失 噪声污染经济损失 水体污染经济损失 地质灾害经济损失
	社会经济状况补偿	居民健康和发展机会成本损失 矿区生产能力损失补偿 矿区发展机会成本损失

（一）核算环境成本

因为开发活动引起的资源破坏和治理环境的成本无法涵盖在现行的成本核算中，所以外部成本内部化在现行矿产开发成本核算中没有得到体现，价格仅仅是资源开发成本的反映。然而，环境成本的价值核算，从理论上来说可以参照以下四个方面：生态受益者的获利水平、恢复生态破坏的成本、生态保护者的机会成本和直接投入、生态系统创造的服务价值。

（二）核算经济成本

该核算方法就是将人力、物力、财力的投入进行综合测算，涉及的科目包括各种税费，如探矿权付费、环保税、耕地占用税以及用于环境治理必须提前缴付的保证金、投入生产建设过程的人力、资本及设备等。

（三）核算社会成本

社会成本包括用于环境保护的宣传教育费用、绿化保护相关费用及水域流域的保护费用，甚至包括环境保护培训成本、社会福利保障支出等。

（四）核算机会成本

这部分费用主要是因环境保护而丧失了发展权或者部分发展权所需

要付出的成本，或是因资源开发和环境保护带来的矿区周边居民牺牲的发展机会所需要支付的成本。但是机会成本不容易定量计算。因为，很多因素对当地社会经济发展都会产生影响，因此从便于数据采集的角度来说，通常利用收入水平在被污染城市和未被污染城市之间的差异进行测算，获得机会成本的构成来源。因此，发展损失的机会成本通过工资差额计算方法来反映。

$$L_d = \sum_{i=1}^{n} \Delta W_i U_i t_i \qquad (7-1)$$

其中，第 i 矿区居民的人均年收入与所在省（区、市）的平均收入差异用 ΔW_i 表示，但是矿山企业工作的工人需要排除在外，不纳入 ΔW_i 统计；第 i 矿区正常劳动能力居民的数量用 U_i 表示，矿山企业工作的工人也不纳入 U_i 统计；第 i 矿山生产使用年限用 t_i 表示。

二、按生态受益者获利核算

按生态受益者获利核算常用于区域补偿，实质是对资源供给者的经济补偿。本书所提及的资源产品指矿产资源原料、加工品及相关衍生品。个人和企业都应该为消费的相关产品付费，使外部性在生态保护中实现内部化。具体补偿标准的测算，既可以来自监测数据，也可以结合支付意愿协商解决。在市场交易行为借鉴方面，可以借助税收杠杆、物价定价等确定生态补偿标准，具有更高的可操作性。通过激励或约束产品消费者降低资源消耗的方式，促进环境保护，改进工作质量。

三、按生态破坏恢复（修复）成本核算

生态环境污染和破坏往往是在矿产资源开采过程中不可避免地发生的，对矿区生态环境补偿成本进行测算，可以综合考虑生态环境破坏损失和生态环境污染损失。为实现区域的经济社会发展，矿产资源开发作为一项重要的经济活动，影响非常深远，不仅会破坏水土和植被，甚至

会对地下水造成污染，对生态环境产生较大的负外部性。为了持续开展经济活动，需要采取相应的保护措施维护生态环境利益，进行生态环境的恢复治理。因此，补偿支付意愿和生态补偿标准考虑生态修复等研究和实践，均为生态补偿标准的确立提供了有益的探索和补充，保护和恢复生态环境才是生态补偿的初衷。我国目前在环境污染治理方面取得了积极进展，技术可靠成熟，修复资金的计算也比较容易，充分结合资源开发区域内公众的生态补偿支付意愿，有助于使理论和实际相结合，让生态补偿政策具有更强的操作性和现实意义。

四、按生态系统服务价值核算

生态环境具有调节气候、美化景观、保持水土等公共功能，这些功能保证了人类的永续发展和环境的平衡稳定，体现了自然环境自身具有的生态服务价值，因此可以认为生态系统具有较强的服务价值功能。但是，生态系统服务功能不容易定量测算，现行的做法和政策法规中没有对价值计算形成统一标准，目前补偿标准问题也多是以自愿协商的方式寻求解决的，无法单纯从理论上衡量生态系统的服务价值，与政策操作还有较大的距离，不便于落地。矿区生态系统是自然生态系统和社会经济系统的耦合，人类对矿产资源的不断需求导致矿产资源不断被开发，从而导致矿区生态环境变化，这要求对矿区生态环境的动态演化过程加强评价和管理。矿区生态系统服务价值动态变化研究有助于人们深刻了解矿区生态环境的演变历程，为人们更科学地制定补偿标准提供现实依据。

五、按生态系统承载力核算

该核算使用生态足迹方法，从矿产资源开发过程的消费足迹、污染足迹及地质灾害足迹方面归纳分析，通过计算生态生产性土地的总面积对人口所消费的资源和吸纳这些人口产生的废弃物进行换算，其计算公式为：

$$EF = N \cdot ef = N \sum r_i a_i, \quad a_i = \frac{c_i}{Y_i} = \frac{P_i + I_i - E_i}{Y_i N} \qquad （7-2）$$

其中，N 代表的是矿区人口数；ef 代表人均生态足迹；EF 是总的生态足迹；i 为用地消费类型，1~7 分别代表了耕地、山地、城区建设用地、灌木、森林、水域、草地；r_i 代表的是第 i 类用地均衡因子；人均生物生产性面积 a_i 通过第 i 种消费类型折算获得；平均生产能力 Y_i 是由第 i 种消费类型计算得到的；第 i 种消费类型的人均消费量是 c_i；第 i 种消费类型年生产量是 P_i；第 i 种消费类型年进口量是 I_i；第 i 种消费类型年出口量是 E_i。

生态足迹理论的核心要义为该地区的生态承载力是通过一个地区所能提供给人类的生态生产性土地的面积来衡量的，也就是该地区的生态容量，其计算公式为：

$$ec = \sum ec_i, \quad ec_i = a_i \times r_i \times y_i \qquad （7-3）$$

其中，人均生态承载力是 ec，hm^2；第 i 类用地人均生态承载力是 ec_i，hm^2；第 i 类用地人均生物生产性面积是 a_i，hm^2；均衡因子是 r_i；产量因子（生产力系数）是 y_i。均衡因子根据 Wackemagel 所运用的方法得出[111]。

六、方法述评

以上方法，从不同角度提供了生态补偿标准核算的思路及实现的路径。通过归纳总结，矿产资源开发过程中生态补偿的主体、客体在核算补偿标准中均对补偿承担着经济责任和社会义务。补偿标准的核算始终遵循"谁污染，谁治理，谁获益，谁治理"的原则，并且是一个动态博弈的过程，但是在核算补偿标准的时候还需要考虑生态补偿成本支付意愿、理论补偿标准和实际补偿标准的差距及可接受程度，因此无法用单一的方法去均衡各方利益，获得一个多方可以接受的补偿标准设计方案。同时，通过理论计算的补偿标准如何结合实际的政策执行，如何实现补偿标准落地实施，都需要探讨和不断改进。因此，本书将从税收的角度出发，通过多种核算手段，融合定性及定量方法，充分借助税收的杠杆效应，以期实现生态补偿标准体系构建，并通过算例验证，为生态补偿标准研究的实践探索作出有益贡献。

第二节　基于税收调节手段的生态补偿标准测算

税收调节手段是资源开发生态补偿市场化调节的重要方式，约束力强，可操作性强。在如何调节生态保护者、受益者和破坏者之间的经济利益关系方面，财政税收手段会发挥更实际的效果。目前，生态补偿核心要素在矿产资源开发生态补偿领域没有形成统一清晰的界定，国家立法在矿产资源开发生态补偿方面也没有专门体现。目前，矿产资源税和环保税作为生态补偿重要的经济调节手段发挥了巨大的导向作用和杠杆效应。矿产资源税解决了资源开发的投入端对生态环境的补偿问题，通过开采矿产资源的经济工业活动，从税收角度实现了部分生态环境补偿的功能；针对矿山开采行为产生的污染物排放，则从产出端利用环保税征收对生态环境破坏行为进行补偿。

现行的环保税即污染者付费角度按照从量计征的方法，按照环保税法规定征收，税率是给定的范围，如应税大气污染物的税额幅度为每污染当量 1.2—12 元，水污染物的税额幅度为每污染当量 1.4—14 元，各地人民代表大会常务委员会在法定税额幅度内讨论决定采纳的具体税率标准。现行的资源税即使用者付费角度，则采取从价计征为主的方式，更好地反映了不同矿产资源的市场行情变化，随行就市。因此，根据矿区或所在行政区划地域的实际情况，灵活适当地选取合适的税率（矿种）及计征方式，可以使矿产资源税更好地反映矿产资源价格的市场变化及对生态环境的保护，更好地发挥税收政策在推进生态文明建设和高质量发展方面的宏观引导功能。

根据前文提出的补偿标准计算方法，结合西部地区矿产资源开发的特点，提出税收调整计算公式：

可用于矿产资源开发生态补偿的税金 $=a_1\times$ 矿产资源税 $+a_2\times$ 环保税

a_i 是从税收中确定一个适当的比例，提留设置专项资金用于矿产资源开发生态补偿，具体比例由矿产资源开发区域管辖地政府确定。

因此，在生态补偿标准动态调整下的矿产资源税 = 矿产品销售额 $\times$ 矿产品对应税率 $\times a\times(1-b\times c)$。资源税应税科目及税额如表 7-2 所示。

表 7-2 资源税应税科目及税额表

类别	应税科目	征税对象	税率 %
能源矿产	原油	原矿	6
	页岩气、天然气、天然气水合物	原矿	6
	煤	原矿或者选矿	2~10
	煤成（层）气	原矿	1~2
	钍、铀	原矿	4
	石煤、油砂、油页岩、天然沥青	原矿或者选矿	1~4
	地热	原矿	1~20 或者每立方 1~30 元
黑色金属	铬、铁、锰、钛、钒	原矿或者选矿	1~9
金属矿产	锌、铜、铋、铅、锡、锑、镍、镁、钴、汞	原矿或者选矿	2~10
	铝土矿	原矿或者选矿	2~9
	钨	选矿	6.50
	钼	选矿	8
有色金属	金、银	原矿或者选矿	2~6
	钯、铂、钌、铱、锇、铑	原矿或者选矿	5~10
	轻稀土	选矿	7~12
	中重稀土	选矿	20
	铍、铟、锂、锆、铼、锶、铷、铌、钽、锗、镓、铯、铊、硒、铪、镉、碲	原矿或者选矿	2~10

数据来源：《中华人民共和国资源税法》。

因此，在生态补偿标准动态调整下矿产开发环保税 = 矿产开发污染物排放数量 $\times$ 单位税额 $\times a\times(1-b\times c)$。环保税应税科目及税额如表 7-3

所示。

表 7-3　环保税应税科目及税额统计表

类别	应税科目	计税单位	税额／元
固体废物	大气污染物	每污染物当量	1.2~12
	水污染物	每污染物当量	1.4~14
	煤矸石	每吨	5
	尾矿	每吨	15
	危险废物	每吨	1000
	冶炼渣、粉煤灰、炉渣、其他固体废物（含半固态、液态废物）	每吨	25
噪声	工业噪声	超标 1-3dB	每月 350
		超标 4-6dB	每月 700
		超标 7-9dB	每月 1400
		超标 10-12dB	每月 2800
		超标 13-15dB	每月 5600
		超标 16dB 以上	每月 11200

数据来源：《中华人民共和国环境保护税法》。

本章引入矿产资源开发生态补偿标准计算方法，分别提出系数 a、b、c 的确定公式。

一、基于环境恢复治理系数 a 的测算

根据上文引入的生态补偿标准计算公式，系数 a 是从矿产资源开发区生态环境的恢复治理角度设定的调节因子。根据第六章衡量生态补偿效益的指标体系，本研究已经明确生态补偿效益在环境维度的影响因子，主要涉及矿山恢复治理面积，就是指复垦、地面塌陷治理、还林、还草、建设适用地恢复治理的面积，同时与矿山环境治理资金投入、水土流失治理、基础环境设施投入等有着直接的关系，这些指标可以为系数 a 的确定提供重要的数据支持和量化研究的基础。

（一）根据矿区土地恢复治理面积测算

该测算方法适用于矿区环境治理较为简单的区域。比如，反映土地的恢复治理情况的系数为 a_1（≥ 1），鼓励矿山企业加强废弃矿山等土地修复，减少开发引起的土地破坏，积极推进土地复垦。a_1 变量的计算源于矿山开发新增破坏用地与当年土地恢复治理面积的比值。第六章评价矿产资源生态补偿效益的指标体系已经明确以上指标含义，并且相关数据的收集主要来源于国家统计年鉴、能源统计年鉴、国土资源统计年鉴、矿山土地治理方案等资料。

$$a_1 = \frac{S - \sum Y_i}{S - \sum S_i} \tag{7-4}$$

其中，S 为区域工矿用地面积；$\sum S_i$ 为矿山开发新增占用损害土地面积之和；$\sum Y_i$ 为当年矿区土地恢复治理面积之和；i 为矿山开发涉及的各种类型的土地，主要是可以提供生态服务价值功能的土地，包括林地、湿地、牧草地等。

（二）根据矿山环境恢复治理费用情况测算

植被及地质状况在矿产资源开发后无法恢复到矿产资源开发前的水平，因此 a_2（≥ 1）主要反映的是矿山环境恢复费用，用来衡量矿产资源开发企业在环境恢复治理方面作出的尽可能大的努力。我国矿产资源开发区域，矿山的恢复治理主要依靠开发企业和当地政府。从数据的采集方面来说，矿山环境恢复费用的主要构成是矿山环境治理资金投入（参考本书第六章指标体系）、环境基础设施投入资金（认定为治理矿业开发环境影响的基础性投入，也可借助更详细的环境基础性工程设计费用统计）。

$$a_2 = 1 + \frac{(PR - CO)}{PR} \tag{7-5}$$

其中，PR 为区域矿产资源年均利润总额，CO 为区域矿山环境生态恢复费用。

根据前文研究及指标体系选取情况，计算出生态恢复费用的总体资金情况：

$$CO = CO_q + CO_t \tag{7-6}$$

（三）根据矿产资源开发生态足迹测算

矿产资源开发生态足迹主要反映的是矿产资源开发导致的生态环境损失，地质灾害生态足迹、环境污染生态足迹、资源消费生态足迹在矿山开发过程中构成了矿山开发生态足迹。根据前人研究文献分析，将各种资源消费、地质灾害发生或治理、污染消纳等产生于矿产资源开发过程中的因素分别统计归入相应的生态生产性土地类型，通过归纳计算可得到各自的生态足迹，最终构成矿产资源开发总的生态足迹：

$$MEF_T = MEF_C + MEF_D + MEF_P = \sum_{i=1}^{7} MEF_{C_i} + \sum_{i=1}^{6} MEF_{D_i} + \sum_{i=1}^{6} MEF_{P_i} \tag{7-7}$$

其中，MEF_C 为资源开发环境消费生态足迹，主要指矿产资源开发活动所需要的生产性土地面积；MEF_D 代表地质灾害生态足迹，主要指生产性土地面积用于治理地质灾害的需要；MEF_P 代表环境污染生态足迹；MEF_T 代表矿产资源开发生态足迹，主要指生产性土地面积在治理矿产资源开发污染中的需要；i 为 1~7，分别对应耕地、牧草地、水域、林地、建设用地、化石燃料地、水资源地的生态足迹。

因此，a_3（≥ 1）根据生态足迹法测算值主要反映矿产资源开发活动与生态环境及污染的恢复治理状况。

$$a_3 = 1 + \frac{MEF_D + MEF_P}{MEF_T} \tag{7-8}$$

其中，矿产资源开发消费生态足迹包括人类生活消费、生产消费、景观破坏等所消费的资源和占用的土地。其中资源消费的生态足迹计算如下：

$$R = \frac{C}{Y} \cdot \gamma \tag{7-9}$$

某类生态生产性土地面积是 A，资源消费是 C（t），全球平均单位生产力是 Y，当量因子是 γ。

占用土地的生态足迹计算如下：

$$A = P_i \times \lambda_i \qquad (7\text{--}10)$$

在矿产资源开发过程中，景观破坏占用的土地面积可以由 P_i 表示，某类土地的平均产量调整因子可以用 λ_i 代表。从地质灾害生态足迹清单中发现，崩塌、滑坡、泥石流、矿区地面变形、矿区沙漠化、矿井突水等常由资源开发造成，并需要通过各类生态生产性土地占用或各种用于改变以上损害所消耗的资源统计获得生态足迹，通过式（7--9）、式（7--10）进行计算获得。式（7--9）可以用来计算矿产资源开发产生的污染处理或隔离带修建、消耗在运行中的原材料及其能源的生态足迹。式（7--10）可以用来计算资源开发过程中产生的固体废弃物、水污染需要修筑的相关设施的占地，其面积就是该部分因素的生态足迹。源于矿产资源开发产生的环境污染，在没有进行工程恢复治理的情况下，所排放的污染物消纳所需要的生态生产性土地面积，就代表了其环境污染生态足迹。

二、基于生态补偿效益评价系数 b 的测算

根据前文分析，设置系数 a 是为了提高税收的征收额度，而系数 b 则反映了区域矿产资源开发生态补偿的整体情况，根据前文矿产资源开发生态补偿效益评价情况，在选定范围西部地区矿产资源开发活动评价过程中，可以将其作为国家税率调整的观照区域，在税率调整上通过补偿效益的排名进行确定。第六章的评价指标体系中，经济效益、环境效益、社会效益和文化效益指标综合反映了生态补偿效益的四个维度。如果根据政策的倾向性等特殊考量，还可以调整指标体系，如西部地区的文化保护，在指标设定上可以更多考虑矿产资源开发对地区民族文化的保护程度，可以借助问卷调查法、意愿测度等手段，收集评价的数据，其数据可以反映西部地区矿产资源开发行为对于民族传统习俗传承、少数民族增收、少数民族就业等设定指标评价，通过评价结果去影响税率的调整。鉴于此，b 的取值取决于矿产资源开发生态补偿效益综合评价指

数排名。例如，评价范围内，某区域的排名上升或者不变赋值 1，下降赋值 0。鼓励生态补偿效益改善，通过增加税率调控环境保护不力的行为。通过排名的方式，在资源开发过程中可以形成生态保护你追我赶的局面，建立动态的调节机制。

三、基于生态环境承载力系数 c 的测算

系数 c 是对矿产资源开发区域的生态环境承载力状况进行分类认定，从生态重要性及生态脆弱性两个维度定性评价，相关等级确定都采用阈值判定法，$c=$ 生态环境承载力等级划分（等级一为 15%，等级二为 10%，等级三为 5%）。

生态重要性 $=max\{[$ 生物多样性保护 $][$ 水源涵养 $][$ 水土保持 $][$ 防风固沙 $]\cdots\}$，具体评价类型及指标如表 7-4 所示。

表 7-4　生态重要性评价类型及指标列表

类型	评价指标
生物多样性保护	生态系统或物种类型占全省的比例
水源涵养	流域的级别、生态系统的类型
水土保持	土壤侵蚀程度、生态系统类型
防风固沙	沙漠化程度、生态系统类型

生态脆弱性 $=max\{[$ 土壤侵蚀 $][$ 沙漠化 $][$ 石漠化 $][$ 盐渍化 $]\cdots\}$，具体评价类型及指标如表 7-5 所示。

表 7-5　生态脆弱性评价类型及指标列表

类型	评价指标
土壤侵蚀	土壤侵蚀模数、平均流失厚度
沙漠化	地表形态、植被覆盖度、风蚀厚度、侵蚀模数
石漠化	土壤含盐量、植被生长情况
盐渍化	土壤侵蚀程度、岩石裸露情况、植被覆盖度、坡度、土层厚度
酸雨	降水 pH 值

以上涉及的指标，可以根据该区域范围，从全国层面测算相关数据，

获得本区域指标参数的合理范围，为评价等级的确定提供量化依据。因此，根据生态重要性由低到高赋值2—10，生态脆弱性由低到高赋值1—5，如表7-6所示。

表7-6 系数 c 对照值表

参照值	高（5）	较高（4）	中（3）	较低（2）	低（1）
高（10）	50（高）	40（高）	30（较高）	20（中）	10（较低）
较高（8）	40（高）	32（较高）	24（中）	16（较低）	8（低）
中（6）	30（较高）	24（中）	18（较低）	12（较低）	6（低）
较低（4）	20（中）	16（较低）	12（较低）	8（低）	4（低）
低（2）	10（较低）	8（低）	6（低）	4（低）	2（低）

［高：$50 \geqslant c \geqslant 40$；较高：$40 \geqslant c \geqslant 30$；中：$30 \geqslant c \geqslant 20$；较低：$20 \geqslant c \geqslant 10$；低：$10 > c$］

因此，根据矿产资源开发区域的生态环境评级，从生态重要性和生态脆弱性维度评价，通过表7-6确定 c 的取值。其中，凡是划分为综合评级"高""较高"的为等级一，划分为"中"或"较低"的为等级二，划分为"低"的为等级三。在调节税率时，参数分别选取对应数值，对税收征缴起到抑制效应。

第三节 算例分析：
以凉山州战略性矿产资源开发生态补偿为例

攀西地区是四川省五大经济区之一，是典型的民族经济发展区域和资源丰裕型的西部地区，拥有全国唯一一个资源开发综合利用试验区——攀西战略资源创新开发试验区[4]。凉山州作为攀西地区安宁河谷的一颗明珠，集中了民族自治区域和战略性矿产资源丰裕的各项特点，矿业经济发展与环境保护、西部地区社会发展等问题交织。因此，研究也期望通过前面宏观的政策分析及量化评价的技术，通过税收等进行市场手段的调节，为我国西部地区矿产资源开发生态补偿研究作出有益的探索和实践。

本研究通过对凉山州矿产资源开发区域的实地调研、访谈交流和问卷调查等多种方式，深度梳理了凉山州战略性矿产资源开发情况、生态环境保护情况和生态补偿现状，也通过前文的量化手段尝试从税收角度针对凉山州矿产资源开发对西部地区社会、经济、环境和文化的影响情况，计算矿产资源税和环境保护税的征收税额调整情况，并给出合理建议。

一、凉山州战略性矿产资源概况

凉山州战略性矿产资源丰富，矿床规模巨大，储量分布集中，矿床开采技术条件好，有益伴生组分多，综合利用价值大，是举世无双的西南"三江"有色金属巨型成矿带，被誉为"中国乌拉尔"。凉山州已探明储量的矿产有103种，矿区358处，产地1860余处（含伴生380处），其中特大型、大型矿床33处，中型矿床77处，小型矿床254处、矿点202处，大、中型矿床占矿床总数的30.22%（其中大部分已经开发）。黑色金属、有色金属和稀土储量规模较大，是凉山地区主要的矿种，尤其是探明储量居全省第二位的钒钛磁铁矿，达到了25.4亿吨；轻稀土氧化物保有储量320万吨，居全省第一，是我国仅次于内蒙古包头的第二大轻稀土资源基地；铜、铅、锌、锡（金属量）485.1万吨，居全省第一位；此外，境内贵金属、盐、磷、白云石、硅石等金属、非金属矿种储量也较大。

凉山州战略性矿产资源具有如下优势及特点：第一，凉山州战略性资源分布集中，具有较强的区域特色。铁、岩盐、煤、铅锌等矿产集中分布在盐源地区；铜、铁、铅锌、银、钒钛磁铁矿、煤、磷及镍、铂、锡等矿产广泛分布于会理会东地区；铅锌、磷矿资源在宁南—布拖—金阳—雷波地区大量分布；铅锌、磷等矿产分布于甘洛地区；冕宁—德昌地区是重要的轻稀土矿分布地区，还有金、铁、玻陶原料等矿产；钒钛磁铁矿是西昌地区重要的矿产资源；金、铜、锰等矿产在木里地区广泛分布。第二，矿床开采技术条件好。优势矿产的矿区在凉山州多数埋藏浅，剥采比低，矿石多数易采易选，有利于提高经济效益，大幅降低开采成本。第三，综合经济价值大，伴生矿组分多。凉山州内伴生矿产主要存在于铜矿床、铁矿床、稀有稀土、铅锌矿床、金矿床中，稀土、黑色、有色、贵金属等矿产都有丰富的共生、伴生矿产；共生矿产主要有金、锡、铌、铁、钒、钛、镍、铅、锌、铂族、钼、锆和稀土等。

凉山州战略性矿产资源矿山有 98 座，其中在建 7 座，停建 0 座，正在开采 36 座，停采 55 座。累计查明资源储量分别是：铁 250135.463 万吨，铜金属量 2228715.08 吨，磷 1275356.78 万吨，稀土氧化物 2543805.15 吨，金 98884.81 千克，锡 4.434517 万吨，萤石 298.1 万吨，煤炭 64306.753 万吨，铅 392.766195 万吨，锌 468.078625 万吨。凉山州查明战略性矿产资源开发利用情况如表 7-7 所示。

表 7-7　凉山州查明战略性矿产资源开发利用情况表

矿种	储量单位	累计查明资源储量	保有资源储量	设计开采规模（万吨/年）	实际开采规模（万吨/年）
铁	千吨	2501354.63	2311433.44	40740.3	1743.96
铜	吨	2228715.08	1883793.63	774.4	615.25
磷	千吨	1275356.78	1251634.77	779	278.81
稀土氧化物	吨	2543805.15	2196290.1	183.7	127.08
金	千克	98884.81	87984.7	130.67	122.2
锡	吨	44345.17	225540	2	0
萤石	千吨	2981	2981	12	0
煤炭	千吨	643067.53	623889.37	81	25.94
镍				60	0
钼				0.4	0
铅	千吨	3927.66195	2028.56549	250.8	43.58
锌	千吨	4680.78625	2548.57858	221.6	165.68

二、凉山州战略性矿产资源开发生态补偿现状

首先，不断推进矿产资源综合利用和矿山环境保护。凉山州以绿色矿山建设为抓手，鼓励矿山企业开展资源综合利用，发展循环经济，加强环境保护。全州现正在申报绿色矿业发展示范区的县 1 个，已成功申报 7 家国家级绿色矿山，均是战略性矿种矿山。在绿色矿山创建过程中，以太和铁矿为代表的一批战略性矿种矿山采选技术和工艺水平不断提高，共伴生矿回收、尾矿二次开发和矿山废弃物综合利用取得进展，提高了矿石开采回采率，大大减少了工业固体废弃物的排放。同时，通过实施矿区环境整治、土地复垦、扬尘污染防治、植被修复、尾矿库治理、废水循环利用等绿色矿山建设措施，有效改变了矿山"脏、乱、差"的现象，基本实现了矿区天蓝、地绿、水净。

其次，大力推进绿色矿山建设。矿业权人在政府督促下积极履行矿山地质环境恢复治理和土地复垦义务，对矿山进行绿化，在采矿场、生产车间周边种植林木，在排土场、尾矿库台阶进行植被覆盖，对已开采范围进行土壤植被恢复，加大绿色矿山建设投入，促进绿色矿业发展。

再次，加强矿山地质环境恢复治理。督促落实矿山企业筹措资金 8000 余万元，履行矿山地质环境恢复治理义务。争取到部、省资金，对责任主体灭失的矿区实施矿山地质环境恢复治理，有效解决了地质环境破坏的问题。

最后，推进矿产资源权益金制度改革。重点开展矿业权出让收益市场基准价制定工作，比照河南、重庆等地的做法，通过预算 160 万元经费，以政府采购的方式确定资质单位对 45 个主矿种制定基准价。

三、战略性矿产资源开发对凉山州的社会及文化影响

凉山州是全国最大的彝族聚居区，面积为 6.04 万平方千米，辖 16 县 1 市，有 14 个世居民族，总人口 521.29 万、彝族占 52.89%。设计问

卷调查（样本量 587 例）的统计结果显示，凉山州矿产资源开发行为对本地区少数民族青年人就业、文化保护及相应的文化补偿整体满意度在80% 以上（除不满意和很不满意人群之外合并计算）。关于矿产资源开发对西部地区社会文化影响调查反馈表如表 7-8 所示。

表 7-8　关于矿产资源开发对西部地区社会文化影响调查反馈表

题　项	满意（%）	一般满意（%）	不清楚（%）	不太满意（%）	很不满意（%）
1. 对少数民族应届毕业生/青年就业、培训机会的提供	24.94	29.38	31.60	10.62	3.46
2. 对民族特色古建筑、历史遗迹完整性的保护	27.65	34.32	20.25	15.31	2.47
3. 对民族特色古建筑、历史遗迹原始感的保护	28.15	35.06	17.28	16.05	3.46
4. 为祭祀山神/土地神而组织的祭祀活动	22.22	30.12	34.32	10.62	2.72
5. 为供奉山神/土地神新建的庙宇	22.47	26.42	37.04	10.86	3.21
6. 对宗教观念和禁忌的尊重	29.14	38.52	21.73	7.90	2.72

调研走访发现，矿产资源开发破坏山上植被，甚至有可能造成泥石流，住在矿山及周边的居民生产、生活、交通等受到影响，有必要搬迁。市场经济对当地民众生活方式和生产方式影响比较大，有些人会认为资源开发会促进当地就业；采矿使区周边交通条件得到改善并带来外来文化，大部分青壮年会外出务工并选择在外地定居生活；脱贫攻坚工作使彝族百姓的民族凝聚力和家国情怀更加强烈，也改善了其生产生活方式，完善了基础设施建设，提高了生活水平。

矿产资源开发对彝族文化的影响并不明显。一个小地方的改变并不意味着破坏一个地方的文化。彝族对山神的崇拜具有地域性，矿山开发对其文化信仰的冲击比较小。在脱贫攻坚以后，彝族百姓的国家认同感大幅提升。虽然现在彝族同胞对族际通婚的接受度提高了，但还是很少有人嫁到外族，总体的通婚率在凉山州地区不足1%。彝族信仰毕摩文化，家族观念比较强，对自然十分崇拜。脱贫攻坚过程中，政府开展了卓有成效的易地搬迁，会在集中安置点附近修建工厂，解决无法外出务工人员的就业问题。

因此，从调研问卷及走访的情况来看，凉山州少数民族群众，尤其是彝族百姓对于矿山开发是持支持态度的，认为矿山开发带来的影响也是积极正面的。从这个角度来说，凉山州矿产资源开发生态补偿对社会经济发展、文化保护及环境生态恢复产生了积极的正向影响效应。

四、凉山州生态补偿标准测算

根据前文测算的公式，结合实际调研情况和数据采集的可操作性，凉山州矿产资源开发生态补偿标准，选取：

$$a_2 = 1 + \frac{(PR - CO)}{PR}$$

其中，PR 为区域矿产资源年均利润总额，CO 为区域矿山环境生态恢复费用。

根据前文研究及指标体系选取情况，计算出生态恢复费用的总体资金情况 CO：

$$CO = CO_q + CO_t$$

因此，根据凉山州 2020 年统计采集的数据进行数据测算，a_2=1.93。

根据系数 b 的确定方法，b 是动态比较的结果，后一年的税额是否变动，需要根据相邻两年的排序结果比较确定，因此比较 2019 年和 2020 年的生态补偿排序，限定在西部地区的范围内，凉山州的排序情况由四川省的评价结果变动来确定，四川省的排位近年来在西部地区基本名列前茅，没有下降情况发生，因此 b=1（排位上升或不变）。

系数 c 是根据凉山州生态环境重要性和脆弱性，用阈值判定法来确定的。凉山州属于生态环境重要区域且生态较为脆弱，判定为等级一，取值 c=15%。

因此对于矿产资源开发资源税和环保税的调整额度可以令 $a \times (1-$

$b \times c$)=1.64，根据公式推导，凉山州矿产资源开发在资源税和环保税的征收上，可以参考调整 [1，1.64]。研究仅作为补偿标准从税收方面的调整建议，具体调整幅度还需要结合各个地区特点及矿山企业的支付意愿，从定性的层面进一步进行系数调整。

第四节　本章小结

本章通过总结现有生态补偿标准核算的方法，结合前文分析的结论，充分运用宏观政策调节和微观市场调节的思路，吸收成本核算、效益评价、生态环境承载力等因素，最终构建了生态补偿标准的财税调节机制，并形成普适性的推导模型，为西部地区矿产资源开发补偿标准的确定提供了新的借鉴和实践应用依据。最后，研究落脚到凉山州战略性矿产资源开发过程中生态补偿标准案例分析，通过定性的问卷调查，得出应将西部地区文化传统等造成的影响纳入生态补偿标准的结论，通过四川凉山州的相关数据收集及实践论证分析，初步论证了四川凉山州生态补偿标准在财税方面的反映和体现，为西部地区生态补偿研究提供了有益探索。

第八章　我国典型民族地区战略性矿产资源开发生态补偿案例研究

第一节　内蒙古自治区战略性矿产资源开发生态补偿案例研究

一、内蒙古自治区战略性矿产资源开发现状

内蒙古自治区土地辽阔，成矿地质条件优越，矿产资源丰富。内蒙古横跨东北、华北、西北地区，地貌以高原为主，大部分地区海拔在1000米以上，东部是莽莽的大兴安岭林海，南部是富饶的嫩江平原、西辽河平原和河套平原，西部是浩瀚的腾格里、巴丹吉林、乌兰布和沙漠，北部是辽阔的呼伦贝尔、锡林郭勒草原。其中，中西部地区富集铜、铅锌、铁、稀土等矿产，中南部地区富集金矿，东部地区富集银、铅锌、铜、锡、稀有、稀散金属元素矿产。内蒙古自治区能源矿产资源遍布12个盟市，但主要集中在鄂尔多斯盆地、二连盆地（群）、海拉尔盆地群。包头白云鄂博矿山是世界上最大的稀土矿山。内蒙古自治区有"东林西铁，南粮北牧，遍地矿藏"的美誉，是我国发现新矿物最多的省份，截至2020年底，全区查明资源储量的矿产有125种（含亚种），列入内蒙古自治区矿产资源储量表的矿产有119种。全区共有103种矿产的保有资源量位居全国前10位，其中48种矿产的保有资源量位居全国前三位，煤炭、铅、锌、银和稀土等21种矿产的保有资源量居全国第一。

内蒙古自治区战略性矿产资源具有如下优势及特点：第一，内蒙古自治区战略性资源分布集中，具有较强的区域特色。以铁、稀土、铌为主导的多金属共生矿产资源主要分布在以"富宝山"著称的包头白云鄂博；原煤、石灰石、铁和许多其他矿物分布于乌海市；铅锌、磷矿资源在宁南—布拖—金阳—雷波地区大量分布；稀有稀土矿富含铌、钽、铍、铷、锆等稀有金属和重稀土资源，主要集中分布在通辽市；天然碱、无烟煤、烟煤、褐煤等矿产资源主要集中于锡林郭勒盟；石墨、氟石、黄金、墨玉等均为驰名中外的优势矿种资源，主要分布在乌兰察布市。第二，能源矿产资源优势明显。预计全区煤炭资源储量 8518.8 亿吨，其中，全区煤炭保有资源储量 4110.65 亿吨，居全国首位。铀资源发现量全国第一，率先为我国北方铀资源勘探开发奠定了重要基础。第三，页岩气资源开发潜力大。预计鄂尔多斯地区页岩气资源量为 11.2 万亿立方米。该地区煤层气资源丰富，分布广、种类丰富。全国煤层气资源评价数据显示，内蒙古 2000 米以浅煤层气地质资源总量约为 9.18 万亿立方米，居全国第二位；地热和浅层地热能源资源丰富，但该区异常能源勘探开发程度低，开发利用不广泛。

内蒙古自治区矿山数量由 2015 年的 4776 家减少到 2020 年底的 3393 家，大中型矿山数量由 579 家增加到 955 家。目前煤化工、稀土新材料等产业水平居世界前列。基地建设取得重大进展，锡林郭勒、呼伦贝尔、鄂尔多斯 3 个大型动力煤基地和西蒙、东蒙 2 个化工煤新基地开工建设。2015 年起，全区煤炭、铁矿石产量大幅下降，有色矿产增产，产业多元化。

二、内蒙古自治区战略性矿产资源开发生态补偿的实践做法

首先，基础地质工作水平大幅度提高。开展了各种规模的基础地质调查，在 33.36 万平方千米的重要成矿带开展 1∶50000 区域矿产远景调查。在二连东吴旗以外重要成矿带和大兴安岭中南部地区开展了 1∶50000 大

范围航空物探，面积49.7万平方千米。查明的指标基本完成，大部分超出预期，获得一大批新的地质基础资料，取得了许多重要成果。这些指标为部署挖矿作业提供了重要依据。

其次，矿产勘查取得成果。地区和地方政府高度重视地质资源矿产勘查，大力投入地质勘查，带动了大量社会资本投入。清洁能源研究取得新进展，页岩气和浅层地热能的发现和勘探填补了内蒙古自治区的空白。页岩气在鄂尔多斯市首次发现，之后在10个区域相继发现，包括乌海市乌兰努尔风景区和鄂尔多斯市恩格北地区。矿产勘查工作取得显著成绩，发现了德顶、怒河亭、千家店、那岭沟、赵火浩、察罕木呼鲁特等7个特大型铀矿床，以及大型结晶石墨矿床等。对"三稀"矿产进行勘探分析，在赵井沟发现大型铌钽矿床。金属矿产研究取得重大进展，在双剑之山银多金属矿床、二道河铅锌银矿床、扎拉贡铜矿床、维拉斯托锡多金属矿床、考小钼矿床取得新发现。金、银、钼、铁、铜、铅、锌等已在大中型矿区采集，部分老矿深部及周边地区取得良好找矿成果，矿产资源保障水平得到很大改善。

第三，采矿业实力大幅提升，矿产规划利用和采矿业结构大幅改善，自然资源高效、集约利用成效显著，矿产资源可持续利用水平显著提高。现代煤化工、稀土新材料等产业比重居全国前列。基地建设取得重大进展，锡林郭勒、呼伦贝尔、鄂尔多斯三大煤电基地和内蒙古西部、内蒙古东部两个新的燃煤化工基地初步建成。矿业转型改革，积极解决产能过剩问题，实现矿业持续健康发展。

第四，矿山地质环境治理恢复明显。矿产开发有助于生态系统建设已成为共识。鄂尔多斯等地区通过建立和组织采矿业环境建设责任追究制度，加强环境建设。第二阶段的规划重点是解决该市矿产资源的环境问题和该市采矿历史遗留下来的矿山环境问题。历史矿山地质区治理投资22.88亿元，实施项目212个，治理面积218.79平方千米。通过采用矿山地质环境治理方案，对井下（塌方）、煤矸石、矸石、空地和废弃物的大部分区域进行全面整治，极大地改善了矿山地质条件，取得了良好的结果。在经济、社会和环境方面，实施存款制度，恢复矿山地质环境，取得了良好效果。2015 年末，地下开采存款存入 300237.04 万元，返还 12671.41 万元，提取 59771.41 万元以上。大部分土地资源是从该地区以能源矿产为主的矿产开采中提取的，根据最新监测数据，全区生产性矿山和采矿权总面积为 770489 公顷，矿山覆盖土地面积 183521.76 公顷，绿色矿山建设成效显著。

三、内蒙古自治区战略性矿产资源开发生态补偿的问题

第一，内蒙古自治区实现经济显著增长，采矿业发挥了重要作用。2008 年以来，采矿业产值超过目标规模，采矿业从业人数达到高峰。现在，由于我国经济发生深刻变革和结构调整，矿区经济增速放缓。2020 年，学者胡钰琳等开展了对内蒙古自治区满来梁矿生态补偿研究发现，内蒙古鄂尔多斯满来梁煤矿区域开采预计造成的生态环境损失价值量为 16.58 亿元，其中生物丰度价值量损失 4786 万元，植被覆盖价值量损失 6481 万元，土地胁迫价值量损失 1837 万元，污染负荷价值量损失 3476 万元。 2010 年、2015 年、2020 年的生态环境状况指数分别为 47.87，46.36，42.22 呈下降趋势。

第二，矿业"三废"污染环境，影响农牧民身体健康。矿产开发过程中长期释放大量废水、废渣和废气，不同程度地造成了水污染、土壤污染和大气污染。一方面，由于采矿过程中泥土和废物的堆积，矿区地下水偏低，部分地区地下水干涸，结果上面的植物无法获取地下水，大面积死亡。另一方面，矿产生产过程中，直接排放不符合标准的废水，污染了地下水，增加了水质的盐度，使地下水大量流失。形成的废水人不能喝，农作物不能灌溉，严重威胁当地农牧民的生产、生活和健康。同时，采矿产生的废物和尾矿的堆积消耗了大量土地，污染了土壤和水。在矿产开发中，采矿和选矿会产生大量煤磨石、废料等固体废物。其中，

煤磨石中含有硫化物，不仅燃烧时会向大气排放大量油烟和有害气体，而且长期存放会引起自燃。

第三，地质灾害频发，农牧民成为"生态益民"。内蒙古自治区气候干旱且水文条件差，矿山被风蚀情况严重，矿区生态环境相对脆弱。由于缺乏科学的可持续发展战略，以前矿产开发只注重生产和利润，而忽视了矿产开发区的环境保护和污染治理，对环境造成了很大影响。目前，全区地质灾害易发区共涉及 63 个旗（县、市、区）。截至 2018 年底，内蒙古自治区共有地质灾害隐患点 2501 处。按地质灾害类型划分，崩塌 1272 处，滑坡 88 处，泥石流 737 条，地面塌陷 401 处，地裂缝 3 处。地质灾害频发地区皆为内蒙古矿山数量较多的地区，其中赤峰市、鄂尔多斯市和锡林郭勒盟矿山数量居自治区前三位，其矿山数量依次为 819 座、681 座和 393 座，分别占全区矿山总数的 23.4%，19.5% 和 11.2%。2018 年度内蒙古地质灾害发生情况如表 8-1 所示。

表 8-1　2018 年度内蒙古地质灾害发生情况表

盟（市）	地质灾害总数	崩塌（起）	滑坡（起）	泥石流（起）	地面塌陷（起）	直接经济损失（万元）
包头	1	1	0	0	0	1.2
鄂尔多斯	107	0	0	0	107	2951.51
锡林郭勒	3	0	0	0	3	16
赤峰	10	1	0	0	9	6080
合计	121	2	0	0	119	9048.71

注：根据内蒙古自治区自然资源厅数据整理。

四、内蒙古自治区战略性矿产资源开发生态补偿的对策建议

首先，支持环境补偿制度建设。制度建设是提高环境补偿制度有效性的基础和保障。生态补偿实施条例一方面要使现有制度更加科学完善；另一方面要完善评价、考核和监督机制，将生态补偿机制建设融入政府建设，加强法律监督和公共媒体规范，惩处违法者。

其次，完善生态补偿机制相关政策。通过缴费、税收转移等金融政策为区域生态补偿行为提供资金支持，不断探索政府"赎回"、资源权交易平台等措施，创新生态补偿机制和政策支持设施，让政策为民生建设增加"便""利"实效。重视环保建设，倡导企业走绿色低碳道路，鼓励更多企业家以投资和捐赠的方式参与民生项目和现代产业园区项目，提高政策的准确性和时效性，更便捷地服务生态经济发展。

再次，保持内蒙古自治区农林牧业特色，打造产业集群，提高初级产业现代化水平；拓宽企业融资渠道，引入社会资本转型升级，打造经济转型示范工业区，提升区域产业发展核心竞争力，不断前行，在创新发展中做大做强；推动高等教育产业发展，强化金融扶持政策，促进文化产业、旅游、社区服务等新型服务业发展，提升产业结构，带动高等产业发展，发挥服务业引领作用。

最后，完善生态补偿机制的科技创新和人才培养体系。科技创新是转变资源型经济的必由之路，应鼓励和支持企业加入高校和科研院所，提高产业发展和技术运用过程中的科技变革率，促进国家经济发展；加强中小学素质教育，提高公众生态环境保护意识，通过定向招生、提升区域福利等措施，吸引更多人才参与生态补偿机制建设，培养一批满足现代产业发展需要的高科技人才、专业技术人才，为建设和谐美丽的内蒙古贡献力量。

第二节　新疆维吾尔自治区战略性矿产资源开发生态补偿案例

一、新疆维吾尔自治区战略性矿产资源开发现状

新疆形成了准噶尔—塔里木—吐哈石油天然气、准东—吐哈—伊犁—库拜煤炭、新源—和静铁矿、阿克陶锰矿、哈密—富蕴—哈巴河铜

镍矿、乌恰铅锌矿、伊宁—塔城—哈密金矿、罗布泊钾盐等一批矿业核心区，培育了一批具有较强经济实力和市场竞争力的矿业集团。矿产资源的开发利用为国家和新疆石油化工、电力、交通、建筑、冶金、建材、新能源、新材料等相关产业提供了原料支撑。其中，累计探明煤炭资源储量4500.4亿吨，主要分布在准噶尔含煤盆地和天山山间等含煤盆地，塔里木盆地北缘也有部分分布。

新疆作为国家生态系统的天然保护屏障，全省被两大沙漠所包围，其中包含九成以上的荒漠、戈壁和沙丘，绿洲的面积不足一成。新疆石油、天然气、煤炭等矿产资源的开采利用所引起的污染主要有地表水和地下水污染、土壤污染、大气污染、荒漠化加剧、沙尘暴等。新疆的油气资源主要分布在沙漠、戈壁、绿洲等区域，属于自然系统极其单薄与疲软的区域。在巨大的油气勘探和开发中，塔里木盆地、准噶尔盆地的脆弱生态环境遭受严重破坏，荒漠化越发严重，沙丘活动使环绕的沙漠更为活跃，南疆五地州和塔里木盆地的交界处，每年至少会有93天沙尘天气，和田全域每年至少会有220天沙尘干扰。

二、新疆维吾尔自治区战略性矿产资源开发生态补偿的实践做法

首先，新疆陆续出台地方政策法规，为建立战略性矿产资源生态补偿制度打下了坚实的基础。新疆维吾尔自治区在相关发展规划纲要和条例中分别提出和规定"按谁开发谁保护、谁受益谁补偿原则，加快建立生态补偿机制""自治区政府应按照有关规定，逐步建立完善生态补偿机制""自治区建立生态保护补偿制度，地方政府应落实补偿资金，确保其用于生态保护补偿"，这为新疆维吾尔自治区战略性矿产资源开发生态补偿制度的制定和实施提供了理论基础。为此，新疆维吾尔自治区制定了矿产资源税、矿产资源补偿费、探矿权使用费、探矿权价款、矿山环境恢复治理保证金、煤炭资源地方经济发展费、土地复垦费。

其次，开展了一系列具有生态补偿意义的生态建设工程。随着国家

生态环境补偿政策的相继出台，针对自身的实际情况，新疆对建立生态补偿机制开展了积极而有益的探索。新疆实施了天然林保护、恢复荒漠植被、塔里木盆地综合治理、"三北"防护林、退耕还林、退牧还草等一系列重点生态工程建设。为了实现新疆地区经济与生态环境和谐发展。按照规定的相关原则，生态补偿机构有义务支付相应数额的保险费，修复被毁坏的生态环境，沙雅县成为新疆第一个向石油开采企业征收生态补偿费的试点县。新疆维吾尔自治区环境保护科学院和生态环境部自然生态司就《沙雅县生态补偿试点实施方案》签订了专项任务合同书，针对沙雅县石油资源开发的现状及发展趋势，提出沙雅县资源开发生态补偿实施方案。在生态补偿制度建设中，责任主体的界定是构建生态补偿制度的先决条件，而补偿主体则要按照法律规定为赔偿对象出资。在资源地的生态建设上，国家要给予一定的财政、政策上的支持。以上举措为新疆综合利用资源生态补偿机制、开展全国同类资源的生态补偿工作，提供了有益的借鉴。

最后，生态补偿的范围不断拓宽，多类别的补偿措施也行之有效。补偿范围不断扩大，补偿内容趋于丰富，补偿形式、补偿主体日趋多元，涉及林业、农业、水利、环保等部门，并且各部门根据自身业务性质，分别进行生态补偿的实践。

三、新疆维吾尔自治区战略性矿产资源开发生态补偿的问题

第一，矿产资源开发中的生态补偿对象不够清晰。我国现行的矿产资源开发生态补偿主体尚无明确的法律规定，容易使责任主客体模糊不清、绩效与责任难以区分。新疆本身资金短缺，基本源于国家的投资，加之矿山企业与责任主体模糊不清，其承担着超负荷的财政压力，无法有效地进行生态补偿。

第二，我国在矿产资源开发方面，缺少综合的生态补偿政策法规。科学地确定生态补偿标准，是实现矿产资源开发生态补偿的关键。目前，

我国矿产资源开发方面并没有对生态补偿作出成文条令，甚至一些部门的法律条文比较相似。

第三，矿产资源生态补偿的资本投资不够丰富。目前，我国矿业开发的生态补偿资金主要来自政府的转移支付和专项的矿山地质环境治理，其中以财政转移支付为主。与发展经济投入巨大相比，对生态环境保护和治理投入少是一种普遍现象。新疆土地辽阔但却绿洲分散，受当地经济发展程度的影响，能够用于生态补偿的资金较少，难以进行有效的生态修复。而新疆的生态环境保护与治理是一个庞大的系统工程，是一项长期的工作。新疆的矿产资源开发与生态补偿方面，资金短缺成为新疆生态环境保护与治理的一个重要问题。

第四，矿产资源开发的生态补偿与矿业相关的税费征收制度不健全。现行税收制度只涉及资源开发中的经济利益，并未反映其内在的生物价值量。与国外相比，我国的矿产资源补偿金征收比例明显失衡，对地方的分配比例过低，政府对生态环境的投资也会受到限制。因此，在生态补偿与矿业相关的税费征收制度方面还要加强制度优化。

第五，在矿业开发中，群众参与体系并未成熟。在矿业开发过程中，群众参与环境保护，反映了社会大众对自然资源的关注。在生态补偿中，社会群众应当积极参与并严格监管，使当地政府更好地落实与完善矿产资源的生态补偿体系。

四、新疆维吾尔自治区战略性矿产资源开发生态补偿的对策建议

第一，健全政府补助的方法。在我国西部地区，矿产资源的生态补偿手段过于单一，因此必须持续完善补偿方式和方法。国家有关部门应向民族地区矿产资源生态环境保护给予一定的支持。系统性、整体性和规范性构建补偿机制，可尝试采用各种补偿模式。在资源配置方面实行政府与市场双向调节的分配方式。

第二，建立合理的生态补偿制度。在我国矿产资源开发过程中，生

态补偿制度的构建是一个关键环节，应依据生态环境的具体情况，制定合理的生态补偿制度并建立一个综合评估体系。新疆是我国生态环境保护的重要区域，生态环境十分特殊，在确定标准时应具体情况具体分析，根据不同的地域特点有所区别。在确定赔偿标准时，既要充分考虑各方的实际情况，又要保证生态环境的安全，亟须通过对地方政府的政策引导，及时建立有效成熟的生态补偿制度与标准。

第三，健全矿产品开发补偿保证金制度。矿山生态修复保证金制度是一种经济的方式，它能有效地激励和促进煤矿企业对矿区环境进行保护。保证金制度是一种防范机制，具有相当的双面性：一方面能够有效地避免矿山环境问题，另一方面，如果使用不当不仅会增加矿山的经济负担，还会降低政府的公信力。

第四，建立生态环境保护的预防措施。目前，我国相对缺乏相关的应急管理机制，大型工程建设对环境的影响具有长期性、广泛性和不确定性，因此建立矿产资源生态应急管理制度可以有效地减少风险。

第五，制定行政赔偿制度。在对生态环境造成的损失无法查明的情况下或无法明确主要责任方时，由政府肩负主要责任。通过政府的干预对被破坏的生态环境进行修复，维护所在地人民的切身权益，提高当地的环境质量。矿业开发企业应交纳矿区环境保护资金，其支付数额由开发情况决定。

第六，健全退市机制。由于环境问题解决极其缓慢，因此矿产行业的生态赔偿责任应当有相应的滞后性，对涉及的生态问题进行治理时不能无限延长赔偿责任。

第七，设立多样化的融资渠道。支持矿业和生态治理公司上市，为环境治理和保护提供资本。政府应建立各种优惠和减免政策，合理化各种税收种类及其制度。

第八，发展绿色矿产资源的生态循环工作。依靠先进的科学技术对资源实现二次回收与二次利用，实现在整个生产流程中资源的有效利用、节约资源和保护环境，在此基础上研究环境友好的绿色产业链。

第九，为矿产资源的发展创造一个良好的生态补偿环境。要从大局出发充分认识矿产资源开发中的生态补偿问题。政府在营造良好的生态环境中应该起到带头作用，通过政策引导把环境破坏降到最低限度，达到经济发展和生态保护共赢的目的。

第十，建立和完善监督制度。要建立内外联动的双重监督机制，由政府、企业、个人等分别承担起各自责任，共同努力，营造依法进行生态补偿的良好环境。

第三节 广西壮族自治区战略性矿产资源开发生态补偿案例

一、广西壮族自治区战略性矿产资源开发现状

广西壮族自治区地处祖国南疆，是我国 5 个民族自治区之一，区位优势明显，战略地位突出。矿业是广西国民经济和社会发展的支柱产业之一，2020 年广西矿业及相关能源与原材料加工制造业产值 6671 亿元，占全区工业总产值的 37%–81%。

广西地理位置优越，矿产资源种类较齐全，拥有有利的成矿条件，找矿潜力较大。截至 2020 年底，广西共发现矿产 172 种，其中已查明资源储量的矿产 132 种，其中铝、锑约占全国已查明资源总量的 23.79%。全区正在开发利用矿产资源 82 种，包含战略性矿产资源 20 种。矿产资源相对丰富，基本能够满足国民经济发展的需要。

广西壮族自治区有色金属等矿产优势突出，能源矿产相对紧缺。截至 2020 年，战略性矿产资源储量居全国前 5 位的矿产主要有锡、锑、铝土矿、钨等，煤炭、石油、天然气、铜、铁、磷等矿产查明资源储量相对较少。

广西壮族自治区矿产资源分布集中度高，有利于集约化规模化开发。区内战略性矿产资源分布具有明显的地域差异，主要集中于河池市、百色市、来宾市等。铝土矿资源储量的 96% 集中于百色市，锡矿资源储量的 67% 集中于河池市，煤炭资源储量的 88% 集中于百色市、来宾市。

二、广西壮族自治区战略性矿产资源开发生态补偿的实践做法

首先，矿产资源开发利用区域发展格局基本形成。自《广西壮族自治区矿产资源总体规划（2016—2020）》颁布实施以来，广西在统筹矿产资源开发利用和保护、规范勘查开采活动、推进经济社会协调可持续发展的基础上，在经济、社会和生态效益三个方面取得了良好成效。开发利用结构和布局明显优化，大力推进矿产资源的整合，使矿业经济持续增长。截至 2020 年底，生产矿山数量减少至 2166 座，比同比减少42.83%。在矿山数量、矿石总量减少的同时，产量增长了 1.8 倍，大中型矿山数量和比重实现双倍增长。矿山 335 座，占矿山总量的 8.8%。矿业开发基地建设稳步推进，建成了百色铝土矿、南丹大厂锡多金属等矿业开发基地。

其次，节约与综合利用水平显著提高，绿色矿业发展初见成效。广西在政策的带领下建设了 2 个国家级资源综合利用示范基地，实施了 22个矿产资源综合节约利用示范工程，有效促进了节约型技术手段创新以及提升了矿产资源的利用率。全区主要金属矿山及涂料完全回收率在66% 以上，主要非金属矿山及涂料完全回收率在 74% 以上，煤炭开采平均回收率 88%，主要矿产及相关矿产综合利用率超过 55%，实现规划目标，矿产资源开发利用水平显著提高。实施了 5 个绿色勘查项目试点，发布了有色金属等 4 类矿产绿色矿山建设规范，累计建成绿色矿山 407座，龙胜、平果、南丹 3 县（市）入选全国绿色矿业发展示范区创建名单。开发了全区国土空间生态修复监管系统，实现矿山生态修复"一张图"全方位监管；投入资金 13.63 亿元，完成矿山地质环境恢复治理面

积 4114.62 公顷，其中历史遗留矿山地质环境恢复治理面积 1723.63 公顷；完成合山市国家矿山公园等一批矿山地质环境治理项目，取得良好示范成效，矿山地质环境状况明显改善。

最后，矿业国际合作不断推进，对外合作水平不断提升。加强中国—东盟矿业合作，连续成功举办 6 届中国—东盟矿业合作论坛，合计 17 个国家、2300 余家企业参与，签约合作项目 89 个，签约总额 476 亿元，矿业领域合作成果丰硕。加快境外矿产资源勘查开发"走出去"的步伐，全区共有 13 家企业在柬埔寨、老挝、南非、秘鲁等 14 个国家和地区开展了 42 个国际合作项目，涉及金、铜、铁、锡、铝土矿等矿产，矿业领域对外合作水平不断提升。

三、广西壮族自治区战略性矿产资源开发生态补偿的问题

第一，矿产资源紧缺，生态补偿难以平衡。在工业化进入新常态、资源形势发生重大变化的背景下，广西面临更加复杂严峻的挑战，矿产资源保护壁垒不断加大，开发利用方式转变难度加大。提高保护生态环境水平、保障和服务人民生活的要求责任重大，扩大资源管理改革任务艰巨。推动经济高质量发展需要提高矿产资源保障能力，广西仍处于快速工业化和城镇化时期，基础设施建设速度加快，战略性产业开始蓬勃发展，人均能源矿产需求继续增加。确保经济增速高于全国平均水平，符合广西发展目标，综合考虑结构调整、技术创新，煤炭、石油、天然气、铝土矿等主要矿产资源量需求量仍将居高不下等因素，资源供需矛盾将长期存在。从矿产结构看，石油、天然气、铁、铜、磷等战略性矿产长期供应短缺问题难以解决，需要利用自然资源以外的资源领域；铝土、锡、锑等有益矿产的储产平衡问题很重要，加强找矿突破、深挖潜力和充分利用至关重要。

第二，环境破坏严重，环境保护机制不完善。发展良好充满生机的生态环境经济，不仅需要矿产资源的持续开发，也需要重视环境保护对

可持续发展的重要性。资源开发势必会对生态环境造成一定程度的破坏与影响，多年以来积累的环境、地质问题更不容忽视。广西固体废物存量超过 1.6 亿吨，需要增加大量投资进行管理、修复和再生利用。随着生态空间利用控制的实施和生态红线划定的不断推进，矿产资源开发空间不断缩小，各类自然保护区、饮用水水源保护区等生态管控区空间矛盾日益突出。保护区和资源开发区的重要性日益凸显，要优化空间规划、创新管理机制、统筹环境保护，保障环境可持续发展。

第三，产权制度尚未健全，法律保障缺乏 [2]。生态补偿是一项系统工程，需要完善的产权制度才能保证其顺利运行。但广西产权制度尚不完善，自然资源权属确权登记尚未完成，生态补偿工作有限。一方面，广西公布的资源保护和生态补偿法律法规不够系统，对生态补偿的范围、方式和标准没有具体规定。另一方面，广西自然资源生态服务的产权和价值不够明确，导致生态补偿难以有效、充分地开展。当然，这也是各地普遍存在的问题。现有的关于自然资源保护的法律对生态补偿方式和程序要求不明确，同时，生态补偿法规普遍出现在规范性文件、部门规章及相关管理办法中，各领域生态补偿无法形成具体统一的指导方针。

四、广西壮族自治区战略性矿产资源开发生态补偿的对策建议

第一，深化矿产资源有偿取得制度改革。进一步规范和完善矿产资源有偿收购制度，优化市场化矿产资源配置，配合建立国家矿产资源股权基金制度，健全相关支持制度，保障国家各项权益。探索推动"净矿"采矿权出让。通过建立和完善采矿权出让工作制度，以公开、公平、公正的方式出让"清洁采矿"采矿权，为维护采矿权投标人在采矿活动中对矿产资源的所有权和采矿权人的合法权益创造条件。

第二，探索建立矿产资源管理政策实证研究基地。提高矿产管理政策研究能力，为推进自治区乃至国家层面国土资源管理改革创新，制定差异化矿产资源管理政策提供支持和服务。进一步加强矿区土地改革试

点，总结国内外矿区管理经验，创新矿区征用管理方式，土地资源经济集约利用与矿产资源合理开发利用相结合，减少矿业面临的土地利用发展矛盾，规范采矿用地管理。

第三，完善环境补偿制度，提高法治化水平。良好的生态补偿制度是保证生态补偿实施的有效性和法律效力的重要基础和保障。在现有生态补偿规则以及相关法律法规的基础上，根据实际需要，特别是根据生态保护的总体思路、基本原则和主要目标，尽快出台相应的实施细则，以明确环境补偿的问题、对象、权利和义务，确定环境补偿的水平、支付方式和财务方式。

第四，加大对环境融资的投入，提高财务绩效。加大对环境补偿的投入，提高环境补偿水平，是积极做好环境补偿工作，有效促进经济发展的重要基础。目前，广西财政投资在生态补偿基金中占有重要地位，短期内很难改变这种补偿方式。未来，应积极总结汇报生态补偿重点、难点和创新试点，积极推动中央逐步加大对广西转移支付和中央预算内投入，推进基础设施和公共基金建设。广西重点生态功能区服务能力集中使用生态补偿资金。由于生态补偿资金分散在不同部门，存在重叠和空缺问题，要强调各部门协调使用生态补偿资金，优化资金使用，提高资金使用效率，实现利润最大化。

第五，发展市场化的环境支付方式，拓展融资方式。发展市场化环境补偿是增加环境补偿财政手段的有效途径。随着广西生态补偿实践的不断推进，支付力度和地方财政规模远远不能满足日益增长的生态补偿资金需求。因此，要建立以市场为导向的生态补偿机制，发挥市场基础性作用，引入多种社会资本进行生态补偿。政府负责制定交易规则，搭建市场化平台，积极发展市场化补偿方式，引导各类社会主体参与市场化经营，建立市场化生态补偿机制，最终实现利益相关者市场分配和生态系统服务协同发展目标。

第四节　青海省战略性矿产资源开发生态补偿案例

一、青海省战略性矿产资源开发现状

青海地处欧亚板块与印度板块的衔接部位，区内地质构造复杂，成矿地质作用多样。按矿产种类的区域分，大致有"北部煤，南部有色金属，西部盐类和油气，中部有色金属、贵金属，东部非金属"的特点；矿种上，有矿产种类多，共生伴生矿产多，小矿多，矿产地部分散，矿产资源储量相对集中的特点。全省盐湖类矿产资源（钾、镁、钠、锂、锶、硼等）储量相对丰富。石油、天然气、钾盐、石棉及有色金属（铜、铅、锌、钴等）矿产品的供应已在全国占有重要地位。现各类矿产 135 种，查明矿产 88 种，单矿种产地数 1121 个，其中，大型 184 个，中型 224 个，小型 713 个。在已探明的矿种保有资源储量中，有 56 个矿种居全国前十位，镁盐（氯化镁和硫酸镁）、钾盐、锂矿、锶矿、石棉矿、饰面用蛇纹岩、电石用灰岩、化肥用蛇纹岩、冶金用石英岩、玻璃用石英岩等 11 种矿产居全国第一位，有 25 种排在前三位。2010 年在青海冻土带又发现了"可燃冰"资源，使中国成为世界上第三个在陆地上发现"可燃冰"的国家，入选"全国十大地质科技成果"，有望成为未来的新型能源。盐湖主要集中于柴达木盆地中南部的大柴旦、格尔木地区及东部乌兰县境内和西部冷湖地区。柴达木盆地共有 33 个大中型盐湖，60 多个矿床、矿点、矿化点，已发现大中型钾镁盐矿产地 10 多处，硼矿产地 18 处，锂矿 3 处，钠盐矿 12 处。其中储量超过 100 亿吨的特大盐湖有 2 个，10—100 亿吨的大型盐湖有 6 个，储量几千万吨的小型盐湖星罗棋布。盐类和部分非金属在全国的地位虽高，但其需求量有限，除钾盐、石棉外，大多数优势矿产难以充分利用；而在国民经济中有重要意义的黑色金属矿产和部分有色金属矿产探明储量不足，如铝、锰、钒、钛及金刚石等资源严重短缺，磷、汞矿品位很低，铁矿以贫矿为主，镍、钴等矿产选冶难度较大。

青海省自然资源厅评审备案矿产资源储量成果如表 8-2 所示。

表 8-2　青海省自然资源厅评审备案矿产资源储量成果信息表

行政区	矿种类型	矿产资源储存规模	矿种	储量单位	累计查明资源储量
青海省海西州	非金属	中型	水泥配料用黏土	万吨	1424.37
			电石用灰岩	万吨	897.64
青海省海西州	非金属	大型	制碱用灰岩	万吨	18717.93
			水泥用灰岩	万吨	7965.29
青海省海西州	金属	小型	铜	万吨	0.36
青海省海西州	金属	小型	铜	万吨	0.17
青海省海西州	能源	小型	煤炭	万吨	830.56
青海省海西州	金属	中型	铁（矿石）	万吨	2420.18
			铜	万吨	2.61
			铅	万吨	5.02
			锌	万吨	13.92
青海省海西州	非金属	中型	晶质石墨	万吨	22.18
青海省海西州	能源	小型	煤炭	万吨	390.88
青海省海西宁市	非金属	中型	水泥用灰岩	万吨	1248.88
青海省海北州	能源	小型	煤炭	万吨	149.75
青海省海南州	金属	小型	铅	万吨	0.51
			锌	万吨	0.689
			铜	万吨	0.036
			银	吨	4.2
青海省海西州	非金属	小型	钾盐	万吨	98.18
			矿盐	亿吨	7.105
			镁盐	万吨	509.8
青海省海西州	金属	中型	金	千克	8493.96
			银	吨	241.49
			铅	万吨	6.01
			锌	万吨	4.95

行政区	矿种类型	矿产资源储存规模	矿种	储量单位	累计查明资源储量
青海省海西州	金属	小型	铅	万吨	6.225
			锌	万吨	5.77
			银	吨	154.67
			重晶石	万吨	184.04
青海省海西州	金属	中型	锑	万吨	3.162
			金	千克	2991
青海省海西州	金属	小型	铁（矿石）	万吨	55.46
			铜	万吨	0.0132
青海省海西州	非金属	中型	玻璃用脉石英	万吨	300.92
青海省海西州	金属	小型	铜	万吨	3.094
			铝	万吨	0.234
			金	千克	2886.73
			锌	万吨	0.052
			银	吨	89.44
青海省海西州	非金属	中型	制碱用灰岩	万吨	2212.37
青海省海西州	非金属	大型	钾盐	万吨	3901.86
			矿盐	亿吨	496.9
			镁盐	万吨	21619.62
			芒硝	万吨	11328.61
青海省海西州	非金属	中型	矿盐	亿吨	5.73
			钾盐	万吨	249.81
			镁盐	万吨	4779.69
			锂	万吨	5.29
			硼	万吨	7.02
			溴	吨	7123.78
			碘	吨	267.75
青海省海西州	金属	大型	金	千克	25178.98
青海省海西州	金属	小型	金	千克	40
			铜	万吨	0.0086
青海省海西州	非金属	中型	水泥用灰岩	万吨	3530.15
青海省海西州	金属	中型	铅	万吨	10.036
			锌	万吨	14.15

行政区	矿种类型	矿产资源储存规模	矿种	储量单位	累计查明资源储量
青海省海西州	金属	小型	铅	万吨	7.002
			锌	万吨	3.5
			银	吨	58.62
青海省海西州	能源	小型	煤炭	万吨	54.1
青海省海西州	金属	小型	铁（矿石）	万吨	39.1
			铜	万吨	0.5
			铅	万吨	0.3755
			锌	万吨	4.02
			银	吨	33.087
			金	千克	104
青海省海西宁市	非金属	中型	水泥用灰岩	万吨	1600.53
青海省海西州	非金属	小型	矿盐	亿吨	0.0836
青海省海西州	非金属	小型	钾盐	万吨	38.36
			镁盐	万吨	286.84
			矿盐	亿吨	2.824
青海省海西州	能源	小型	煤炭	万吨	819.65
青海省海西州	非金属	中型	钾盐	万吨	130.58
			镁盐	万吨	8855.74
			矿盐	亿吨	56.04
			锂	万吨	2.77
			硼	万吨	5.14
青海省海西州	金属	小型	锰	万吨	17.01
青海省海西州	金属	小型	铅	万吨	0.366
			锌	万吨	1.215
			铜	万吨	0.68
			铝	万吨	0.0024
			银	吨	18.098
			金	千克	117
青海省海西州	非金属	小型	玻璃用石英岩	万吨	153.27
青海省海西州	地下水	大型	矿泉水	立方米/天	38300
青海省海西州	金属	中型	铜	万吨	4.181
			铁（矿石）	万吨	1054.21

数据来源：《青海省矿产资源总体规划（2021—2025）》

二、青海省战略性矿产资源开发生态补偿的实践做法

党的十九大强调，加快生态文明体制改革，建设美丽中国。党中央、国务院高度重视青海的生态文明建设，出台了关于促进青海经济、社会发展的相关政策，其中明确提出，加快建立生态保护补偿机制，完善一般性转移支付办法，加大对国家生态功能区转移支付力度。将经济、法律、行政等手段融会贯通，通过资源综合整治，小而散的局面得到显著改善，矿山布局更加完善，矿区的开发规模逐步达到了与资源储量的规模相匹配，对一系列违法行为防微杜渐，基本建立起规范的矿产资源开发秩序，矿产资源利用效果显著。整合矿山资源和矿山企业的生产要素，初步形成以大煤矿为主体，中小型矿井协调发展的新格局，实现了资源的优化配置和合理的开采布局，提高了矿产资源的可持续发展能力。

第一，加大勘测和开采工作力度。矿产资源是我国经济发展的重要基础，工业和经济高速发展的同时，对矿产资源的需求迅速增加，青海省为国家的现代化建设提供了有力的支持，同时促进了当地的经济发展。

第二，合理规划开矿的发展。要按照矿产资源的特质、地形、资源的规划科学制定矿业权的策划，对矿区的范围进行再划分，确定采掘规模。在同一矿区内，原则上仅设一个采矿权，以解决大矿小开、一矿多开的问题。通过对主要矿种的综合利用，实现对矿业权的合理配置。

第三，优化矿山企业构架。优劣相结合，左提右挈优秀企业，利用先进的开采技术、高开发水平、安全的生产装备、良好的矿山生态环境等。矿山企业经过整合后，发展程度得到显著提升，矿山企业数量也有了大幅下降。

第四，提高开发技术与水平。科学的采掘技术和选矿技术保证了矿石的二次采集和二次回收符合设计条件，对固体废弃物进行合理的保护和二次开发。通过整合，可以显著改善矿产资源开发运用。

第五，加强安全管理工作。落实安全监督管理，切实履行煤矿安全

生产的首要职责，严格执行有关安全生产法规，切实提高煤矿企业安全生产技术水平和从业人员安全素养，加强矿山安全管理，防止重大事故的发生。通过综合整治，基本消除了开采规划不合理造成的安全风险。

第六，改善矿区的生态环境。通过集中处理与达标排放，重点处理矿山的主要污染物，使排放量大幅度下降，防止环境污染事故和生态破坏的发生。

三、青海省战略性矿产资源开发生态补偿的问题

首先，青海全省近 90% 的国土面积属于限制和禁止开发区，资源开发和利用程度低，对当地经济社会发展和农牧民增收的带动作用十分有限。加快实行资源有偿使用和生态补偿机制是资源富集、生态脆弱的青海确保经济健康发展、社会和谐稳定的重要保证。

其次，现行的矿产资源有偿利用体制存在费用低、存入量低等问题，致使其收益补贴不足；从资源税的改革实施效果来看，税收职能大于资源利用的调控作用。探矿权、采矿权使用费标准过低，缺乏动态调整机制，难以根治"圈而不探"等市场投机行为，难以从根本上发挥规范勘查开采的调控作用，也难以实现矿产资源效益的最大化。

再次，矿区地质环境保护与治理水平较低，截至 2017 年底，全省矿山占用破坏土地总面积 2.33 万公顷，矿区地貌破坏、土地损毁、地质灾害隐患突出。一些矿山在发展过程中，忽视了环境保护、生态恢复、污染防治，碳排放的达标排放水平较低，造成多次次生地质灾害的发生。

最后，我国矿产资源勘探开发的法律责任和机制还不够健全，其权威性与管制性并没有完全发挥出来。新形势下的地质工作需要进一步加强统一规划、统筹部署和规范管理，公益性与商业性地质工作之间的相互协调，中央、地方等多渠道地质勘查资金之间的有机衔接。在矿产资源配置中，市场机制的基本功能并未体现，必须进一步完善矿产资源勘查开发法律法规，强化运用矿产资源大政方针调控的能力。

四、青海省战略性矿产资源开发生态补偿的对策建议

第一，确立以矿产资源为主体的利益驱动机制。矿产资源是国家经济发展的必要条件，伴随着我国工业和经济的迅速发展以及对矿产资源的需求日益增加，全省的矿产资源勘探和开发工作持续加强，为我国的现代化建设和地区经济的可持续发展提供了有力的支持。利用资源优势、专家团队经验优势、生态补偿驱动优势扩充当地生补偿思路，构建新型生态保护利益补偿新格局。

第二，建立群众受益的生态补偿机制。以科学发展观为指导，坚持以人为本，转变矿业经济演进模式，让当地群众井然有序地投入当地矿产资源开发，实现两个主体的双向获利，着手处理当地人民迫切需要解决的民生问题。坚持统筹兼顾、合理分配，使政府、企业与当地人民之间的生态补偿问题得到妥善处理。根据矿产资源与当地各方面的实际情况，带动当地群众围绕矿产开发拓宽增收渠道。要正确处理各类冲突，依法保护人民的正当权益，维护矿山企业日常的正常运营。

第三，完善生态保护补偿政策。制定并严守生态保护底线，按照"谁受益，谁补偿"的原则，结合全省实际继续推进生态保护补偿试点，通过横向补偿的方式达成经费补偿、专家引进、相须而行、产业过渡等目标。

第四，构建一体化生态监管体制。立足全省生态保护实际，按照生态系统的全局性及其自然法制，进一步扛牢政治责任，加强流域生态治理，强化工程项目管理，严厉打击固体废弃物非法转移和倾倒等违法行为，使相关部门的生态保护职责循序渐进、融会贯通。努力构建全区域、全方位、全覆盖的一体化管护格局。通过政府购买服务的形式，不断充实管护力量，鼓励社会力量积极参与生态管护。进一步完善管理机制，修订完善各类管护办法，规范管护行为，提升生态监管的社会效率和工作质量。

第五节　西藏自治区战略性矿产资源开发生态补偿案例

一、西藏自治区战略性矿产资源开发现状

西藏自治区位于中国西南边陲，青藏高原西南部，面积 122.84 万平方千米，约占中国国土总面积的 1/8。西藏自治区有充裕的矿产资源，已探明达 70 多种，在已探明储量的 26 种矿产中，有 11 种矿产位居中国前5 位。在战略性矿产资源中，铬铁矿质量品位高达 50%，探明的远景储量为全国最高；铜矿的远景储量仅次于江西省；藏东玉龙大型斑岩铜矿的储量超过 600 万吨，为世界罕见；锂远景储量位于世界前列。

西藏主要战略性矿产资源种类和分布如表 8-3 所示。

表 8-3　西藏主要战略性矿产资源种类和分布表

地区	战略性矿产资源
拉萨市	铁、铅、铜
林周县	铅、铜、金
曲水县	钼
墨竹工卡县	金、铜、钼、锑、铅
堆龙德庆区	煤、铁、铅
林芝市	金矿、铬铁矿
米林县	铬、铁
察隅县	金、锡
阿里市	铜、铅、石油、铬
日土县	铁、铬、铜、金、铅、盐湖锂
札达县	金、铜
日喀则市	金、煤矿
聂拉木县	黄金、铅、煤
昂仁县	煤、金、铜、铁
仁布县	金矿、铜矿、铅矿、铬铁矿
山南地区	铬、铁、铜、金、铝

地区	战略性矿产资源
乃东区	铬、铜、铁
琼结县	锑、铬铁
措美县	金、铜、铅、锑
加查县	金、铬铁矿、水晶石、石墨
洛扎县	磁铁、铅、钼、水晶石
曲松县	铁矿、沙金、水晶石
桑日县	金、铜、铬、铁
卡若区	煤、铁、铜、金、铅
洛隆县	金、铜、铅、锡、煤
乌齐县	煤、锡、铅、金、铜
察雅县	铁、煤、金、银、铜、铅、水晶石。
那曲地市	沙金、铬、锌、石油、水晶
色尼区	锑、铅、沙金、黄铁、铜、铬、磁铁、锡、石墨
申扎县	铅、沙金、铜、铬铁、水晶石、煤。
巴青县	煤、铜、铅、铁、沙金、锡
聂荣县	铁、铜、铅、煤
比如县	铅、锑、煤、金。
安多县	铜、水晶石、煤炭、铬、铁。

二、西藏自治区战略性矿产资源开发生态补偿的实践做法

第一，完善矿山环境储存制度和生态环境补偿机制。西藏自治区国土资源厅对阿里地区噶尔县巴措沙金矿等9个矿山进行了深入调研，进一步完善了西藏自治区矿山地质环境恢复储备体系和生态环境恢复补偿机制，贯彻"谁开发、谁保护、谁受益、谁补偿"的保护原则，促进人与环境和谐发展，构建人与自然相协调的矿产资源开发与矿山地质生态环境保护关系，并且促进经济发展。充分听取群众意见，完善矿山地质生态环境恢复补偿机制。

第二，建立矿山生态环境恢复项目。西藏自治区国土资源厅负责领导矿山生态修复工程，建设监理制度，对矿山生态环境修复工程进行调研，严禁违法采矿行为，以恢复矿山生态环境为目的开展项目。

三、西藏自治区战略性矿产资源开发生态补偿的问题

战略性矿产资源开发生态补偿机制在西藏自治区尚不完善，存在以下几个问题。

首先，保证金制度有待落实。西藏自治区 2003 年发布了《黄金矿山地质环境恢复保证金制度》，其余矿产资源相应的矿山环境保证金制度尚未发布，且保证金制度包含的领域不够全面，有的领域处于空白状态。除此之外，西藏自治区矿山保证金制度在实践过程中尚无完全应用与实施。

其次，征收税费制度覆盖面有待加大。目前，西藏自治区矿产资源开发的生态补偿机制多为经济手段，一般为税费。目前已有的经济手段单一，没有运用其他改善手段，导致生态补偿制度不完善。西藏自治区的矿产生态补偿税费征收机制没有设立专项矿种的专项税费，征收税费覆盖面不够合理。在已有的相关法律法规中，补偿费用的对象、方式、数额不明确，一般提供的数额低于土地复垦等生态修复所需的费用。

再次，生态补偿法律法规有待完善。西藏自治区关于矿产资源生态补偿的相关环境与资源保护性法律法规仅有相关原则性的要求，没有明确有关主体的权责，也没有对矿产资源生态补偿内容、方式、实施标准等进行具体规定。除此之外，相关法律法规的实施也缺乏了一定的技术支撑，不利于矿产的开发利用。

最后，大量历史遗留问题亟待解决。在西藏自治区矿产资源开发过程中，前期的矿产资源开发缺乏规划，多数矿山开发企业盲目开采，导致西藏矿山环境存在大量历史问题。解决任务由西藏自治区各级政府承担，财政资源匮乏，难以承担相应的责任，必须通过生态补偿来解决。

四、西藏自治区战略性矿产资源开发生态补偿的对策建议

完善西藏自治区的矿产资源开发生态补偿机制，能使西藏自治区形

成绿色矿业环境，有利于社会经济可持续发展。

第一，建立合理的西藏自治区矿产资源生态补偿标准。环境的特殊性要求西藏自治区生态补偿机制必须根据自身情况制定自己的生态补偿设计思路。在完善西藏自治区矿产资源开发生态补偿机制的过程中，需要根据具体的自然因素和西藏自治区特有的数据指标，计算出西藏自治区生态补偿机制的具体标准，以便更加科学地制定与西藏自治区矿产资源更适合的生态补偿机制。

第二，加强西藏矿产资源开发生态补偿机制的监管和执行力度。西藏自治区矿产生态环境保护与修复的效果取决于所制定的生态补偿机制的执行机制与监管机制。因此，应加强对矿产资源开发生态补偿机制的监督，确保生态补偿机制的全面落实。执法监督到位，资金合理科学使用，矿区生态环境才能得以改善，生态补偿机制才能得以完善，矿区经济才能可持续发展。如果不能加强监督机制，加大执行力度，矿区生态环境难以恢复，生态补偿机制无法发挥其效力。按照有关规定制定矿业企业生态补偿机制的相关实施制度和监督制度，实行奖惩制度，并在生态机制实施过程中设立专门的监督制度，使矿业企业能够落实生态补偿制度，确保生态补偿机制的实施。

第三，发挥市场补偿方式的作用，加大市场调控力度。目前我国矿产资源开发的生态补偿机制多为政府补偿，而西藏自治区的生态补偿机制也与此类似。作为生态补偿的主体和矿产资源的所有者，政府补偿在补偿方式中占主导地位。市场经济中最常见的组织形式——矿产开发企业更趋于市场化，所以要根据企业的自身特点灵活运用市场经济原则，将市场调节灵活用于制定相关生态补偿机制，结合市场与政府补偿方式，使生态补偿机制更加符合西藏自治区矿产资源开发实际情况和矿业市场特点，使西藏自治区生态补偿机制更有针对性地发挥作用。

第四，建立西藏矿产资源开发利用的环境治理制度。与其他省份相比，西藏自治区矿产资源开发的环境管理制度尚不完善。要构建科学完善的环境管理实施体系，明确矿山环境管理和环境修复项目实施的职能部门，负责矿山管理和修复的监测和接收。

第六章　本章小结

本章通过对我国内蒙古、新疆、广西、青海、西藏五个典型民族地区战略性矿产资源开发的现状、矿产资源开发生态补偿的实践做法、战略性矿产资源开发生态补偿的不足与问题、战略性矿产资源开发生态补偿的对策建议进行了梳理和提炼，系统地认识了民族地区在生态环境保护、资源开发利用方面的探索，对如何在民族地区实现经济社会发展和资源开发利用的协调具有重要的启示。战略性矿产资源作为重要的资源禀赋，在民族地区分布广泛，储量丰富，是民族地区社会经济发展的重要资源依赖，如何兼顾民族地区经济发展和生态环境保护，是实现"绿水青山"的重要实践，民族地区有益的生态补偿做法、亟待改变的发展思路和矿产资源开发的路径转换都是新时期我国社会经济发展的重要组成部分，需要对民族地区资源开发利用和生态环境保护给予持续关注和积极支持。

第九章　研究结论与展望

第一节　研究结论

　　本书以习近平生态文明思想为指导，紧扣党的二十大报告关于"建立生态产品价值实现机制，完善生态保护补偿制度"的要求，以建设新时代市场化、多元化生态保护补偿机制为目标，以生态补偿政策体系构建为准绳，通过对我国当前生态补偿文献资料研究、政策制度梳理、模式标准识别、影响效果评价等系统性工作，厘清研究现状、关键问题，研判缺点与不足，进一步摸清未来市场化、多元化生态补偿机制构建的关键环节和基本要素，科学探索制定生态补偿标准及开展案例研究。该研究顺次开展了基于 CiteSpace 的文献计量研究、基于 SCM 的政策评估研究、基于 LDA 的政策文本关键影响主题研究、基于 VIKOR-AISM 的生态补偿效益综合评价研究、基于税收标准动态调整的生态补偿标准研究及案例研究，系统开展了针对生态补偿的机理分析，充分结合西部地区资源开发特点，融入生态补偿在经济、社会、文化和环境方面的综合影响因素，尝试性设计了符合研究主题的补偿标准并开展案例研究，为推进我国西部地区资源开发、经济社会发展、文化传承和生态环境保护协调发展作出了重要研究和探索，具体形成了以下研究结论。

　　第一，在文献梳理中发现，我国生态补偿研究始于 2004 年，虽然研究起步较晚，但是我国学者及研究机构参与生态补偿研究取得了显著成果，在成果数量和质量方面都取得显著的成绩；现有的生态补偿研究聚焦宏观政策与微观层面的量化及可操作性，如补偿标准的制定等；现有的生态补偿研究领域集中在耕地、湿地、草原、流域等方面，并形成较为系统、科学的研究范式。但是在矿产资源开发方面和西部地区资源开发与保护方面涉足较少，具有较大的研究空间，需要持续关注及研究；需要进一步聚焦生态补偿中核心科学问题，进而为我国西部地区战略性矿产资源开发生态补偿政策、模式、机制及标准实践等提供理论基础和实践应用依据。

第二，生态补偿政策评价作为生态补偿研究中重要的制度设计评判，对国家宏观政策调节具有重要作用。研究通过合成控制法，构建生态补偿政策实施效果的评价指标体系，对 2011 年生态补偿政策实施节点进行研判，并开展评价论证。结果显示，生态补偿政策对西部地区矿产资源开发具有重要的影响作用，在经济、文化、社会效益关键指标上产生了积极影响，这也为国家制定面向西部地区战略性矿产资源开发配套及导向性政策提供了重要的理论依据。但是，评价结果也显示，补偿政策对西部地区环境保护的影响力不足，需要政策制定者进一步加大政策对环境保护的针对性和可操作性，增强政策的影响效力，最终实现宏观政策引导下的西部地区社会经济发展、文化保护传承和生态环境保护的协同发展。

第三，研究选取影响我国西部地区生态补偿相关的政策文本作为语料库，深度挖掘补偿政策的关键主题因素，以国务院、各部委、西部各省（区、市）的生态补偿政策、条例、规范、方案等为研究对象进行 LDA 主题模型分析。结果发现，生态补偿政策中涉及生态损害赔偿制度、生态补偿机制建设、生态补偿与全面小康，这些作为生态补偿领域研究需要高度关注的问题，在未来很长的时间内依然是研究的主流方向，需要持续关注和投入研究资源；生态补偿标准、流域及横向生态补偿、生态补偿效益，在未来短时间内将作为本领域研究的焦点和亟待解决的问题；对生态补偿综合研究具有前瞻性和热点性的主题，要抓住机遇，加大研发的投入；重点区域生态补偿、生态补偿资金管理、生态补偿实施主体及实施领域、环境污染与生态环境防治等研究，目前延续性较差，研究积累不足，暂时不需要太多关注。因此，未来生态补偿政策的制定和完善，需要重点考虑政策影响的关键主题，抓住关键主题因素，合理设计并完善生态补偿政策制度，充分考虑政策执行的针对性和实效性，有的放矢，增强政策的宏观调控能力。

第四，研究立足西部地区战略性矿产资源开发生态补偿现状，将补偿效益评价视为多属性决策问题，通过 VIKOR-AISM 联用方法解决多属性决策问题，基于最大化群体效用和最小化个体遗憾值，从经济效益、环境效益、社会效益和文化效益四个维度开展生态补偿效益的综合评价。在不同的决策偏好和犹豫区间下综合排序发生了变化，该研究结果为反映评价主体价值取向和评价倾向因素提供了借鉴，有助于评价的精准度和针对性，为国家制定符合西部地区区域特点的生态补偿政策、生态补偿模式、生态补偿标准等提供了综合评价的可量化手段，有助于实现规范管理、竞争有序的生态环境保护和资源开发协同发展的格局。

第五，研究综合考虑现行的生态补偿标准测算方法及模型，提出通过税收手段调控补偿标准的思路。研究充分运用宏观政策调节和微观市场调节的思路，吸收成本核算、效益评价、生态环境承载力等因素，最终构建了生态补偿标准的财税调节机制，并形成具有普遍适用性的理论模型，为西部地区矿产资源开发补偿标准的确定提供了新的借鉴和实践应用依据。研究落脚到四川凉山州战略性矿产资源开发过程中生态补偿标准案例分析，通过定性的问卷调查，对西部地区生态补偿亟须纳入考虑的西部地区宗教信仰、文化传统等造成的影响进行量化考虑，通过四川凉山州的相关数据收集及实践论证分析，初步获得对凉山州生态补偿标准在财税方面的反映和体现。通过西部地区典型省份战略性矿产资源开发生态补偿案例总结分析，提出有针对性的生态补偿对策建议，为西部地区生态补偿研究提供了有益探索。

第二节　研究展望

在研究过程中，因受到数据信息收集难度大、模型设计基础不足和研究深入程度不够等影响，本研究还有进一步完善的空间，对未来的研究还有一些较好的建议。

本研究主要从政策评价的角度，开展了矿产资源开发生态补偿政策实施效果、关键主题因素的评价论证，但是生态补偿关键性政策实施及其对产生关键影响的节点把握较为主观，实施评价的结果也会产生一定的差异，这方面还需要通过进一步的方法设计进行科学判断，或者在生态补偿专项政策立法方面有所期待，可以更好地开展政策评价分析。

本研究在补偿标准的设计上，借鉴了财税政策中的税率调节思想，但是选取变量及依靠方法的科学性还有待进一步论证，税率调节应用的难度和与国家政策的匹配性有待深入探讨。同时，由于矿产资源开发涉及的矿产资源类型、开发难度、附加价值、开发工艺及地区民族社会特征千差万别，地方政府、企业的支付意愿也存在差异，补偿标准即便是通过税收税率的方式调节，其科学性与操作性也有待继续论证完善，动态调整，为将来实施生态补偿提供科学借鉴与理论基础。

生态补偿研究作为我国生态环境保护与资源开发领域非常重要的制度设计，将为西部地区各项事业全面发展和确定资源开发之间的逻辑关系提供重要的理论基础和实践探索。如何实现从资源丰裕大省向国民经济强省转型升级，如何依托自然资源禀赋实现西部地区经济腾飞，践行"绿水青山就是金山银山"的重要理念，推动西部地区战略性资源合理有序开发，巩固民族团结和谐稳定，西部地区战略性资源开发生态补偿研究任重道远。

参考文献

期刊

[1] 李军龙，邓祥征，张帆，等．激励相容理论视角下生态公益林补偿对农户的增收效应——以福建三明为例［J］．自然资源学报，2020，35（12）：2942-2955.

[2] 杨一晹，卢宏玮，梁东哲，等．基于三维生态足迹模型的长江中游城市群平衡性分析与生态补偿研究［J］．生态学报，2020，40（24）：1-12.

[3] 侯鹏，付卓，祝汉收，等．生态资产评估及管理研究进展与展望［J］．生态学报，2020（24）：1-10.

[4] 许瑞恒，林欣月．多元补偿主体、环境规制与海洋经济可持续发展［J］．经济问题，2020（11）：58-67.

[5] 张宜红，薛华．生态补偿扶贫的作用机理、现实困境与政策选择［J］．江西社会科学，2020，40（10）：78-87.

[6] 刘格格，葛颜祥，张化楠．生态补偿助力脱贫攻坚：协同、拮抗与对接［J］．中国环境管理，2020，12（5）：95-101.

[7] 吴娜，潘翔，宋晓谕．异质性目标视角下生态补偿减贫资金缺口——以甘肃秦巴山贫困核心区为例［J］．干旱区资源与环境，2020，34（11）：65-71.

[8] 常兆丰，乔娟，赵建林，等．我国生态补偿依据及补偿标准关键问题综述［J］．生态科学，2020，39（5）：248-255.

［9］刘杰.构建生态综合补偿体系提升优质生态产品供给能力［J］.环境保护，2020，48（17）：8.

［10］王慧杰，毕粉粉，董战峰.基于AHP-模糊综合评价法的新安江流域生态补偿政策绩效评估［J］.生态学报，2020，40（20）：7493-7506.

［11］于方，杨威杉，马国霞，等.生态价值核算的国内外最新进展与展望［J］.环境保护，2020，48（14）：18-24.

［12］任林静，黎洁.生态补偿政策的减贫路径研究综述［J］.农业经济问题，2020（7）：94-107.

［13］刘叶叶，毛德华，宋平，等.基于污染损失和逐级协商的生态补偿量化研究——以湘江流域为例［J］.生态科学，2020，39（4）：193-199.

［14］仲俊涛，王蓓，米文宝，等.基于InVEST模型的宁夏盐池县禁牧草地生态补偿标准空间识别［J］.地理科学，2020，40（6）：1019-1028.

［15］彭文英，王瑞娟，刘丹丹.城市群区际生态贡献与生态补偿研究［J］.地理科学，2020，40（6）：980-988.

［16］严有龙，王军，王金满，等.湿地生态补偿研究进展［J］.生态与农村环境学报，2020，36（5）：618-625.

［17］毛显强，钟瑜，张胜.生态补偿的理论探讨［J］.中国人口·资源与环境，2002（4）：40-43.

［18］曹明德.对建立我国生态补偿制度的思考［J］.法学，2004（3）：40-43.

［19］沈满洪，陆菁.论生态保护补偿机制［J］.浙江学刊，2004（4）：217-220.

［20］李文华，刘某承.关于中国生态补偿机制建设的几点思考［J］.资源科学，2010，32（5）：791-796.

［21］赖力，黄贤金，刘伟良．生态补偿理论、方法研究进展［J］．生态学报，2008（6）：2870-2877．

［22］李文华，李芬，李世东，等．森林生态效益补偿的研究现状与展望［J］．自然资源学报，2006（5）：677-688．

［23］万军，张惠远，王金南，等．中国生态补偿政策评估与框架初探［J］．环境科学研究，2005，18（2）：1-8．

［24］王灿发．论生态文明建设法律保障体系的构建［J］．中国法学，2014（3）：34-53．

［25］孙佑海．健全完善生态环境损害责任追究制度的实现路径［J］．环境保护，2014，42（7）：10-13．

［26］章锦河，张捷，梁玥琳，等．九寨沟旅游生态足迹与生态补偿分析［J］．自然资源学报，2005（5）：735-744．

［27］孙新章，谢高地，张其仔，等．中国生态补偿的实践及其政策取向［J］．资源科学，2006（4）：25-30．

［28］李晓光，苗鸿，郑华，等．生态补偿标准确定的主要方法及其应用［J］．生态学报，2009，29（8）：4431-4440．

［29］秦艳红，康慕谊．国内外生态补偿现状及其完善措施［J］．自然资源学报，2007（4）：557-567．

［30］欧阳志云，郑华，岳平．建立我国生态补偿机制的思路与措施［J］．生态学报，2013，33（3）：686-692．

［31］杨光梅，闵庆文，李文华，等．我国生态补偿研究中的科学问题［J］．生态学报，2007，27（10）：4289-4300．

［32］王金南，刘倩，齐霁，等．加快建立生态环境损害赔偿制度体系［J］．环境保护，2016，44（2）：26-29．

［33］高吉喜，韩永伟．关于《生态环境损害赔偿制度改革试点方案》的思考与建议［J］．环境保护，2016，44（2）：30-34．

［34］刘画洁，王正一．生态环境损害赔偿范围研究［J］．南京大学

学报（哲学·人文科学·社会科学），2017，54（2）：30-35.

［35］吕忠梅."生态环境损害赔偿"的法律辨析［J］.法学论坛，2017，32（3）：5-13.

［36］侯佳儒.生态环境损害的赔偿、移转与预防：从私法到公法［J］.法学论坛，2017，32（3）：22-27.

［37］梅宏，胡勇.论行政机关提起生态环境损害赔偿诉讼的正当性与可行性［J］.重庆大学学报（社会科学版），2017，23（5）：82-89.

［38］汪劲.论生态环境损害赔偿诉讼与关联诉讼衔接规则的建立——以德司达公司案和生态环境损害赔偿相关判例为鉴［J］.环境保护，2018，46（5）：35-40.

［39］郭海蓝，陈德敏.省级政府提起生态环境损害赔偿诉讼的制度困境与规范路径［J］.中国人口（资源与环境），2018，28（3）：86-94.

［40］张林鸿，葛曹宏阳.生态环境损害赔偿磋商的法律困境与制度跟进——以全国首例生态环境损害赔偿磋商案展开［J］.华侨大学学报（哲学社会科学版），2018（1）：78-85+96.

［41］王树义，李华琪.论我国生态环境损害赔偿诉讼［J］.学习与实践，2018（11）：68-75.

［42］张梓太，李晨光.关于我国生态环境损害赔偿立法的几个问题［J］.南京社会科学，2018（3）：94-99.

［43］张梓太，吴惟予.我国生态环境损害赔偿立法研究［J］.环境保护，2018，46（5）：25-30.

［44］王小钢.生态环境损害赔偿诉讼的公共信托理论阐释——自然资源国家所有和公共信托环境权益的二维构造［J］.法学论坛，2018，33（6）：32-38.

［45］蔡守秋，张毅.我国生态环境损害赔偿原则及其改进［J］.中州学刊，2018（10）：56-62.

［46］何军，刘倩，齐霁.论生态环境损害政府索赔机制的构建［J］.

环境保护，2018，46（5）：21-24.

［47］吴惟予.生态环境损害赔偿中的利益代表机制研究——以社会公共利益与国家利益为分析工具［J］.河北法学，2019，37（3）：129-146.

［48］彭中遥.生态环境损害赔偿诉讼的性质认定与制度完善［J］.内蒙古社会科学（汉文版），2019，40（1）：105-111.

［49］Johst K，Drechsler M，F Wätzold. An ecological-economic modelling procedure to design compensation payments for the efficient spatio-temporalal location of species protection measures［J］.Ecological Economics，2002，41（1）：37-49.

［50］Hough P，Robertson M. Mitigation under Section 404 of the Clean Water Act：where it comes from，what it means［J］. Wetlands Ecology & Management，2009，17（1）：15-33.

［51］Bendor T. A dynamic analysis of the wetland mitigation process and its effects on no net loss policy［J］. LANDSCAPE AND URBAN PLANNING，2009，89（1）：17-27.

［52］Xiong K，Kong F. The Analysis of Farmers'Willingness to Accept and Its Influencing Factors for Ecological Compensation of Poyang Lake Wetland［J］. Procedia Engineering，2017，174：835-842.

［53］Robertson M，Hayden N. Evaluation of a Market in Wetland Credits：Entrepreneurial Wetland Banking in Chicago［J］. Conservation Biology，2010，22（3）：636-646.

［54］Villarroya A，Puig J. Ecological compensation and Environmental Impact Assessment in Spain［J］. Environmental Impact Assessment Review，2010，30（6）：357-362.

［55］Villarroya A，PerssonJ，PuigJ. Ecological compensation：From general guidance and expertise to specific proposals for road developments［J］.

Environmental Impact Assessment Review，2014，45（feb.）：54–62.

［56］Wu Z，Guo X，Lv C，et al.Study on the quantification method of water pollution ecological compensation standard based on emergy theory–Science Direct［J］.Ecological Indicators，2018，92：189–194.

［57］Pickett E J，Stockwell M P，Bower D S，et al.Achieving no net loss in habitat offset of a threatened frog required high offset ratio and intensive monitoring［J］.Biological Conservation，2013，157（2）：156–162.

［58］Rao H，Lin C，Hao K，et al. Ecological damage compensation for coastal sea area uses［J］.Ecological Indicators，2014，38（mar.）：149–158.

［59］Guan X，Liu W，Chen M. Study on the ecological compensation standard for river basin water environment based on total pollutants control［J］.Ecological indicators，2016，69（oct.）：446–452.

［60］Sheng W，Zhen L，Xie G，et al.Determining eco–compensation standards based on the ecosystem services value of the mountain ecological forests in Beijing，China［J］.Ecosystem Services，2017：S2212041617302917.

［61］Shang W，Gong Y，Wang Z，et al.Eco–compensation in China：Theory，practices and suggestions for the future［J］.Journal of Environmental Management，2018，210（MAR.15）：162–170.

［62］王文长.民族自治地方资源开发、输出与保护的利益补偿机制研究［J］.广西民族研究，2003（4）：103–107.

［63］黄锡生.矿产资源生态补偿制度探究［J］.现代法学，2006（6）：122–127.

［64］张举钢.矿产资源开发的环境负外部性分析———一个新制度经济学的视角［J］.中国国土资源经济，2009（7）：17–18，21，46.

［65］胡晓登，权小虎.矫正西部资源开发的负外部性与深入实施西

部大开发［J］.新西部，2010（10）：14-16.

［66］洪富艳，丁晨.我国生态功能区利益相关者共同治理机制的思考［J］.价值工程，2010（1）：69.

［67］巩芳，胡艺.矿产资源开发生态补偿主体之间的博弈分析［J］.矿业研究与开发，2015（3）：93-97.

［68］李斯佳，王金满，张兆彤.矿产资源开发生态补偿研究进展［J］.生态学杂志，2019，38（5）：1551-1559.

［69］张倩.基于演化博弈视角的矿产资源开发生态补偿问题研究［J］.资源开发与市场，2016，32（2）：165-169.

［70］曾先峰.资源环境产权缺陷与矿区生态补偿机制缺失：影响机理分析［J］.干旱区资源与环境，2014，28（5）：47-52.

［71］戴茂华.中国稀有金属矿资源开发的生态补偿机制和政策研究［J］.生态经济，2013（10）：134-137.

［72］彭秀丽.西部贫困地区矿产开采企业间生态补偿博弈分析［J］.求索，2013（8）：49-51.

［73］郝庆，孟旭光.对建立矿产资源开发生态补偿机制的探讨［J］.生态经济，2012（9）：90-92.

［74］王军生，李佳.我国西部矿产资源开发的生态补偿机制研究［J］.西安财经学院学报，2012，25（3）：101-104.

［75］多杰昂秀.民族地区牧民权益保护视角下的矿产资源生态补偿制度研究——以柴达木循环经济试验区为例［J］.青藏高原论坛，2017，5（3）：100-106.

［76］杨炼.论民族地区矿产资源生态补偿的法理基础与制度构建［J］.理论月刊，2015（6）：82-87+98.

［77］杨炼.论民族地区矿产资源开发生态补偿机制法律建构［J］.现代商贸工业，2015，36（4）：153-154.

［78］朱檬，焦志强.构建草原地区矿产资源开发生态补偿法律机制

的探讨［J］.广播电视大学学报（哲学社会科学版），2013（4）：16-19+35.

［79］雷蕾.民族区域自治地方矿产资源开发生态补偿的受偿主体研究［J］.现代妇女（下旬），2014（12）：210，214.

［80］梅锦.民族地区矿产资源开发的补偿机制探究［J］.武汉理工大学学报（社会科学版），2013，26（5）：779-785.

［81］屈燕妮.建立健全矿产资源开发生态补偿机制——以内蒙古地区的实践为例［J］.内蒙古财经学院学报，2012（6）：22-25.

［82］白永利.民族地区矿产资源开发与可持续发展法律问题研究——以内蒙古为例［J］.北方经济，2011（22）：3-5.

［83］于海峰.辽宁少数民族自治县矿产资源开发生态补偿机制研究［J］.理论界，2010（7）：60-61.

［84］胡仪元.西部生态支柱产业的制度构建［J］.环境保护，2005（7）：58-60，64.

［85］Holder J，Ehrlich P R.Human Population and Global Environment［J］.American Scientist，1974，62：282-297.

［86］Costanza R，Arge R，Groot R. et al，The Value of the World's Ecosystem Services and Natural Capital［J］.Nature，1997，386：253-260.

［87］张志强，徐仲民，程国栋.生态系统服务与自然资本价值评估［J］.生态学报，2001，21（11）：1919.

［88］闫旭骞，林大泽.矿区生态系统健康预测模型及实证分析［J］.矿业研究与开发，2008，28（5）：72-73.

［89］牛蒙，张玉秀，王扬军，等.煤矿生态环境影响评价分析［J］.金属矿山，2010（3）：129-133.

［90］张琦.公共物品理论的分歧与融合［J］.经济学动态，2015（11）：147-158.

［91］Samuelson P.A.The Pure Theory of Public Expenditure［J］.The Review of Economics and Statistics，1954，36（4）：387-389.

［92］陈振明. 什么是公共管理（学）——相关概念辨析［J］. 中国行政管理，2001（2）：13-16.

［93］Hardin G.The Tragedy of the Commons［J］.Science，1968（3859）：1243-1248.

［94］Farley J，Costanza R.Payments for ecosystem services：from local to global［J］.Ecological Economics，2010，69（11）：2060-2068.

［95］沈寿文. 重新认识民族区域自治权的性质——从《民族区域自治法》文本角度的分析［J］.云南大学学报（法学版）2011（6）.

［96］沈寿文，董迎轩.“程度性动词”的使用与“民族区域自治权”的保障———对民族区域自治若干法律性文件文本的比较分析［J］.黑龙江民族丛刊，2012（1）：28-33.

［97］张炳淳，陶伯进.突破与规制：民族自治地方自然资源自治权探讨［J］.西安交通大学学报（社会科学版），2012，32（6）：87-92.

［98］王玉平，关凤峻.东北亚中国地区矿产资源态势分析［J］.地域研究与开发，1999（1）：63-67.

［99］刘金平，华建伟，聂志强，等.生态矿业发展评价体系研究：以江苏省为例［J］.中国矿业，2013，22（6）：37-41.

［100］周璞，侯华丽，刘天科.我国矿产资源综合区划模型与实证研究［J］.中国矿业，2016，25（S2）：115-119，124.

［101］吴琪，陈从喜，崔新悦.矿产资源开发利用现状及建议［J］.中国矿业，2016，25（12）：21-26.

［102］郑娟尔，姚华军，袁国华，等.中国采矿占损土地驱动因子及治理资金效益定量研究［J］.中国人口·资源与环境，2015，25（5）：67-74.

［103］冯春涛，郑娟尔.矿山地质环境治理恢复鼓励政策设计研究

［J］.中国人口（资源与环境），2014，24（S3）：48-51.

［104］黄洁，侯华丽.我国矿业绿色发展指数体系构建［J］.中国矿业，2018，27（12）：1-5.

［105］王爱国，杨美艳，刘毅.我国生态文明绩效审计评价指标体系构建与应用——以山东省为例［J］.山东社会科学，2017（5）：166-172.

［106］林珍铭，夏斌.熵视角下的广州城市生态系统可持续发展能力分析［J］.地理学报，2013，68（1）：45-57.

［107］王华丽，张宇.生态补偿视角下政策性森林保险的实施效果评价［J］.林业经济，2019，41（4）：105-109.

［108］毛晖，郭鹏宇，杨志倩.环境治理投资的减排效应：区域差异与结构特征［J］.宏观经济研究，2014（5）：75-82.

［109］余学义，穆驰.神东矿区土地复垦效益评价［J］.西安科技大学学报，2019，39（2）：201-208.

［110］谢高地，鲁春霞，冷允法，等.青藏高原生态资产的价值评估［J］.自然资源学报，2003（2）：189-196.

［111］周健，官冬杰，周李磊.基于生态足迹的三峡库区重庆段后续发展生态补偿标准量化研究［J］.环境科学学报，2018，38（11）：4539-4553.

［112］都沁军，牛建广.基于生态足迹的矿产资源开发生态环境影响分析［J］.地质与勘探，2010，46（5）：953-959.

［113］胡钰琳，张绍良，梁洁，等.矿产资源开发生态补偿研究——以内蒙古自治区满来梁矿为例［J］.矿业研究与开发，2022，42（2）：183-188.

［114］盖逸馨.内蒙古自治区推进和谐矿区建设的调查和思考［J］.中国矿业，2015，24（5）：27-30.

［115］王承武，蒲春玲.新疆能源矿产资源开发利益共享机制研究［J］.

经济地理，2011，31（7）：1152-1156.

[116] 杨荣金，孟伟，段宁，等．天山北坡经济带生态文明建设战略研究［J］．中国工程科学，2017，19（4）：40-47.

[117] 罗云方，黄德霞．新疆矿产资源开发生态补偿机制构建［J］．科教导刊，2017（11Z）：2.

[118] 刘艳，刘杨．新疆能矿资源开发与保护当地农牧民利益关系研究［J］．内蒙古民族大学学报（社会科学版），2015，41（5）：4.

[119] 王建斌．以科学发展观为统领 走矿产资源综合开发利用之路［J］．青海国土经略，2008（6）：7-10.

[120] 张泽湖，周承芝．刍议金融危机形势下生产矿山的资源勘查与开发途径［J］．资源环境与工程，2009，23（4）：477-479，496.

[121] 张云兰，罗掌华．新时代生态文明视域下广西生态补偿研究［J］．广西社会科学，2022（4）：138-144.

著作

[122] 习近平．决胜全面建成小康社会夺取新时代中国特色社会主义伟大胜利——在中国共产党第十九次全国代表大会上的报告［M］北京：人民出版社，2017.

[123] ［英］亚瑟·赛斯尔·庇古．福利经济学［M］．何玉长，丁晓钦，译．上海：上海财经大学出版社有限公司版年，2009.

[124] Daily G C.Eds.Nature's Service：Societal Dependence on Natural Ecosystems［M］.Washington：Island Press，1997.

[125] John D. The Public and Its Problems［M］. New York：Henry Holt & Company，1927.

[126] WCED.Our Common Future［M］. Oxford：Oxford Univer-sity Press，1987.

学位论文

［127］朱瑞兵 . 矿产资源开发综合利用经济效益评价研究［D］. 北京：中国地质大学（北京），2012.

［128］刘芳 . 准东煤炭开采区周边环境特征及社会经济发展评价［D］. 乌鲁木齐：新疆大学，2018.

［129］杨秀平 . 城市旅游环境承载力评价与优化研究［D］. 秦皇岛：燕山大学，2018.

［130］汤智斌 . 和谐社会指数的构建及应用研究［D］. 长沙：湖南大学，2014.

［131］夏冰 . 西北民族地区旅游产业多元价值体系的构建［D］. 兰州：西北师范大学，2011.

［132］冯聪 . 边疆民族地区矿产资源开发生态补偿模式及运行机制研究［D］. 北京：中国地质大学（北京），2016.

［133］程子育 . 内蒙古矿产资源开发中农牧民利益保障问题研究［D］. 呼和浩特：内蒙古大学，2020.

［134］邹兴 . 我国生态补偿法律制度研究［D］. 北京：中央民族大学，2012.

［135］王潇 . 矿产资源开发生态补偿研究——以西峰油田为例［D］. 兰州：甘肃农业大学，2008.

［136］胡烨 . 西藏矿产资源开发生态补偿机制研究［D］. 拉萨：西藏大学，2012.

电子文献

［137］国家发展改革委，财政部，自然资源部，等 . 建立市场化、多元化生态保护补偿机制行动计划（发改西部〔2018〕1960号）［EB/OL］.［2019-01-11］.http：//www.gov.cn/xinwen/2019-01/23/content_5360410.

htm.

　　［138］财政部．关于取消矿山环境治理恢复保证金建立矿山环境治理恢复基金的指导意见（财建〔2017〕638 号）［EB/OL］．［2017-07-19］．http：//www.gov.cn/xinwen/2017-07/20/content_5211988.htm.